COLECCIÓN «AMIGOS DE ORAR»

AF276572

JESÚS, CAMINO Y CAMINANTE

FR. JESÚS SANZ MONTES, OFM
Arzobispo de Oviedo

JESÚS, CAMINO Y CAMINANTE

*Del éxodo cuaresmal
a la promesa de la Pascua*

Prólogo de
Fr. Emilio Rocha Grande, OFM
Arzobispo de Tánger

FONTE
GRUPO EDITORIAL

© Jesús Sanz Montes
© Edición prepada por Pablo Cervera Barranco
© Grupo Editorial Fonte
  Paseo del Empecinado, 1; Apdo. 19 - 09080 Burgos
  Tfno.: 947 25 60 61

  www.montecarmelo.com
  www.grupoeditorialfonte.com
  editorial@grupoeditorialfonte.com

ISBN: 978-84-10023-84-0
Depósito Legal: BU-33-2025

Impresión y Encuadernación
Grupo Editorial Fonte - Burgos
Impreso en España. Printed in Spain

ÍNDICE

Prólogo

Caminante, son tus huellas
el camino y nada más;
Caminante, no hay camino,
se hace camino al andar.
Al andar se hace el camino,
y al volver la vista atrás
se ve la senda que nunca
se ha de volver a pisar.
Caminante no hay camino
sino estelas en la mar.

Este poema de Antonio Machado pertenece a la sección «Proverbios y cantares» del libro *Campos de Castilla*, publicado en 1912. En él meditó sobre la fugacidad de la vida a través de personajes y paisajes que recuerdan a su España natal.

De «caminante» y de «camino» nos hablan también las páginas del libro que tienes entre tus manos; esta vez el autor no es un dramaturgo y poeta sevillano, quizás el más emblemático de la Generación del 98, sino, Fr. Jesús Sanz Montes, madrileño, franciscano y arzobispo de Oviedo que tiene entre los dones que el Señor le ha regalado el de saber comunicar hondamente con su palabra y sus escritos, abriendo con su prosa poética a oyentes y lectores horizontes de belleza y de sentido.

Este libro que ahora nos ofrece, con el sugerente título *Jesús, Camino y Caminante. Del éxodo cuaresmal a la promesa de la Pascua*, quiere ser un compañero de viaje en el apasionante itinerario que conduce desde el sobrio rito de la imposición de la Ceniza al ¡aleluya! con el que la Noche de Pascua, al ritmo solemne del Pregón Pascual, ilumina las oscuridades de nuestras iglesias y las tinieblas de nuestro corazón.

El camino cuaresmal no es un paseo mañanero que se traduce en deambular sin meta ni destino; ponerse en marcha con la frente marcada de ceniza es aceptar la dinámica y la espiritualidad del peregrino: caminar pisando firmemente la tierra con la mirada y el corazón puestos en una meta que se percibe como segura aunque la mirada no llegue a descubrirla.

Este año de 2025, que para toda la Iglesia es Jubilar, queremos recorrer el camino de la Cuaresma como «peregrinos de esperanza»; no se trata de una esperanza alimentada por los vanos señuelos que nos lanzan los medios de comunicación o quienes detentan el poder; nuestra esperanza tiene un rostro: Jesucristo, vencedor por su resurrección sobre el pecado y sobre la muerte; sólo Él puede afirmar con rotundidad que es «Camino, verdad y Vida» (*Jn* 4,6); sólo Él puede decir a Marta ante la losa que clausura el sepulcro de su hermano Lázaro: «Yo soy la resurrección y la vida: el que cree en mí, aunque haya muerto, vivirá; y el que está vivo y cree en mí, no morirá para siempre» (*Jn* 11,25-26).

Las páginas del libro que te dispones a abrir no son para ser leídas distraídamente, piden ser releídas, meditadas, recordadas (pasadas por el corazón), esperando encontrar un hueco en la apretada agenda que ordena y distribuye nuestro tiempo para ser agua fresca que sacia la sed, sal que sazona el manjar de la cotidianidad vivida y luz que penetra en la vida iluminando opacidades y orientando hacia Aquel que es Alfa y Omega, Principio y Fin del universo, Señor de la Historia y Palabra definitiva de Dios sobre el mundo y la historia.

Con sus meditaciones, Fr. Jesús Sanz se nos hace compañero para recorrer a nuestra vera el apasionante itinerario cuaresmal de la mano de quien, como para los discípulos de

Emaús, siendo Caminante, se muestra también como Camino que conduce hacia el Padre.

A las páginas orientadas a la lectura meditativa se unen las que invitan a recorrer contemplativamente con Jesús el camino que le lleva desde el Huerto de Getsemaní hasta su deposición en el sepulcro como penúltima etapa de una senda que culmina en la gloria de la luz pascual. Como dice Fr. Jesús Sanz en su libro, «las catorce estaciones del Vía Crucis [son] catorce escenas en las que se desarrolla un drama de amor desmedido». Siguiendo el hermoso esquema que el papa san Juan Pablo II introdujo el Viernes Santo de 1991, en el que las estaciones responden ajustadamente al relato de los evangelios. Tras la lectura evangélica, se propone una breve reflexión motivadora de la escena que ahí se contempla, para finalizar con una sencilla oración recogiendo en una petición humilde lo que le rogamos al Señor.

El arzobispo de Oviedo nos ofrece en este libro un precioso instrumento para recorrer con hondura el camino cuaresmal; un sendero que no transitamos solos, lo hacemos en comunión eclesial y con la certeza de que nos acompaña Jesús, un Caminante que discretamente nos alienta en el cansancio del sendero y, como a los discípulos del Emaús, nos explica las Escrituras y, sentados con Él a la mesa, nos reparte el Pan.

A ti, que te dispones a iniciar la lectura de este libro te deseo recorras junto a Jesús, Amigo y Maestro, el Camino cuaresmal como un éxodo que te conduzca a vivir como gozosa realidad el Promesa de la Pascua.

+Fr. Emilio Rocha Grande, OFM
Arzobispo de Tánger

En una de sus más inolvidables afirmaciones que nos dejó para la historia, Jesús lo dijo: «Yo soy el camino, la verdad y la vida» (*Jn* 4, 6). Podría parecer una indicación ajena y descomprometida, como quien señala una dirección a un viandante perdido, sin tener intención de acompañarle hasta la meta señalada y buscada. El camino al que se refiere Jesús es una verdad que nos corresponde y una vida que nos sostiene. Por eso el camino tiene que ver con su fraterna compañía, esa que Él mismo nos brinda para hacer verdadera nuestra andadura y para dar vida a la aventura que nos salva. Esto significa que Jesús no sólo es el camino, sino también caminante a mi lado. Es su dulce compañía en la cual nuestro destino se torna cierto y esperanzado como una llamada a la santidad para la que hemos nacido.

Es lo que en estas páginas queremos proponer como un itinerario cristiano de primer orden a la luz del significado que tiene tanto la Cuaresma como la Pascua. Y si la primera emula el éxodo que realizó el pueblo de Israel hasta la tierra prometida, la segunda significa la culminación mesiánica de cuanto se cumplió en Jesús, el Hijo de Dios que el Padre nos envió para colmar toda una larga historia de salvación. El éxodo implica un camino de purificación enmendando desvíos a ninguna parte, abajando altanerías que no nos alzan a la excelencia de la belleza y la bondad de la gracia, reconciliando cuanto de equivocado nos tenía secuestrados en cualquiera de las redes tupidas de todo pecado. La Iglesia no deja de proponernos año tras año este trayecto renovador que nos conduce de la oscuridad a la luz, de lo envejecido y caducado a lo que se vuelve a estrenar, de lo extraviado que halla su verdadero cauce, del pecado en todas sus formas a la gracia que nos permite renacer a la humilde verdad de una imagen que nos asemeja a la de Dios.

Pero ese camino cuaresmal no tiene un fin en sí mismo, sino que nos abre precisamente a lo que de suyo prepara: la pascua como una gracia inesperada, siempre inmerecida, la gracia de un encuentro con Jesús resucitado que ha vencido su muerte y la nuestra para que cada uno de nosotros podamos ser y hacer el proyecto amoroso para el que Él nos llamó y nos envió.

De la Cuaresma a la Pascua, como una secuencia real del camino que Dios quiere hacer con nosotros sus hijos en la coyuntura de nuestro momento, ese que coincide con la edad nuestros años y el contexto de nuestra circunstancia. Así de verdadero y de realista mientras seguimos surcando el viaje hasta el cielo eterno que nos espera como patria que nos aguarda. La Palabra de Dios que en este periplo litúrgico y espiritual se nos proclama no responde a textos añejos y manidos que de tantas veces oídos sin escuchar han dejado ya de conmovernos. Esa Palabra de Dios Él nos la estrena al proclamárnosla la Iglesia como una gracia que nos convoca a la verdadera conversión del corazón. Aunque muchas veces el Señor nos la haya susurrado, su Palabra jamás se repite. Aparentemente nos dice lo mismo, pero al escucharla en la hondura del alma que tiene mi fecha y domicilio, se produce el milagro de su luz que me ilumina, la caricia que me anima, el juicio que me indica lo indebido y la gracia que devuelve la paz reconciliada a mi existencia cristiana.

Así lo queremos vivir como una ayuda para responder a esa santidad vocacionada que en la Iglesia nos ha hecho a cada uno el Señor. La vida puede trastocarse, extraviarse, perderse, pero también puede ser recompuesta, encauzada y reencontrada para nuestro gozo más verdadero y durable, y para la gloria a Dios más atendible y sincera. De esto tratan los lances caminantes que hemos intentado ofrecer en estas meditaciones cuaresmales y de Pascua.

1
Entre retablos y sinfonías

Los retablos en el arte escultórico y pictórico tienen una cierta similitud con las sinfonías: distintos registros, diferentes colores, diversos sonidos... para interpretar un conjunto que resulta armonioso y lleno de belleza plástica o musical.

Podemos decir que un retablo es una ventana cargada de significados. Es una ventana en la que nos asomamos a un horizonte mágico y transcendente, y en donde el que se asoma a mirar es también observado por el retablo inerte. Precioso encuentro de miradas en el que la historia allí narrada era deseablemente verificada en la biografía de quien deletreaba en sus figuras, calles y paneles algo que también le pertenecía.

El artista barroco ha sabido plasmar en el retablo un edificio lleno de arte y talento, sin duda alguna, pero a través de cuanto se asoma en las diversas filigranas y bajorrelieves hay también una expresión honda de una religiosidad profundamente vivida que quiere ser compartida y narrada. No obstante, este cristiano artista del imaginario barroco, no se evade en abstracciones lejanas como si rindiera su buril, su pincel, su gubia, su paleta llena de cromáticos matices y dorados que incrustar. Esa rendición es noble donde las haya, porque ha sabido poner tiempo y espacio a lo que su arte y su talento ha querido expresar con fecha y domicilio.

De modo que no sólo se narra la historia arcana de la salvación cristiana, no sólo se exhibe la calidad de un artista seducido por la belleza, sino que también se nos permite contemplar los rasgos de la ropería, los atisbos de una moda siempre fugaz, los apuntes de mobiliarios domésticos, palaciegos y eclesiales, e incluso un guiño arquitectónico a algún rincón contemporáneo de entonces de lo que podría ser una plazuela, una callejuela, un pórtico o frontispicio de un edificio principal.

Por todo ello, el retablo barroco es un preciso entrecruce de saberes y un precioso entrelazado de sabores que nos permite gustar en casi todos los sentidos, la sinfonía bien conjuntada de fe, arte y costumbrismo. Porque allí y ahí es donde el gusto por la belleza se hace también memorial creyente, cuando con los usos estéticos de una época se narra una historia de salvación que no tiene tiempo por ser en todos ellos una gracia que los abraza y los transciende. El gran cineasta ruso Andrei Tarkovski afirmaba que «lo bello queda oculto para aquellos que no buscan la verdad». Así como el escritor Fiodor Dostoievski y el teólogo ortodoxo Pavel Evdokimov apostillarán desde una clave teológica que «el mundo será salvado por la belleza». No es la belleza un alarde estético sin más, gratificante a los ojos, pero estéril para el alma. En la belleza nos jugamos nada menos que la comprensión de la creación henchida de hermosura y de bondad, porque viene a ser la firma de autor con la que Dios ha querido rubricar su obra. Una belleza que mirándola nos hace bondadosos, y una bondad que se nutre de la verdad que nos constituye. Esta es la obra de Dios, y lo que hace del hombre y de la mujer la criatura que más se asemeja al icono de su Creador.

Sucede casi semejantemente cuando hablamos de la música sinfónica. Más si en ella se expresa una coral con todas sus voces. Instrumentos con sus registros de viento, de percusión, de cuerda. Voces con sus timbres tenores, sopranos, barítonos o bajos. Toda la belleza musical en voz y en instrumentos, que se van combinando con sus notas y silencios para llenarnos del asombro que describe un pentagrama en el que de tantos modos narra también la falsilla de nuestra biografía personal.

La música, como la noche, se prestan a ser cómplices de Dios, podemos decir parafraseando al gran Paul Claudel. Como todo arte, la música también nos hace el mejor guiño de una inefable belleza que es la que ensueña siempre nuestro corazón. Por esta razón, una audición musical da cabida a esta experiencia honda de escucha más allá de sus notas, y nos permita desde otros registros seguir ahondando y dilatando el alma en un gesto de verdadera espiritualidad. Es poner música noble, música que abre el corazón, para volver a releer la letra de cuando el Señor puede estar diciéndonos en el silencio de la oración que se nos concede en nuestro camino cotidiano.

Escuchar un concierto y asistir a una coral nos permite no simplemente disfrutar de la buena música desde la estética sonora, sino también intuir o reconocer el lenguaje que nos acerca un mensaje que tiene que ver con cuanto en el corazón nos palpita como exigencia humilde de felicidad, esa que coincide precisamente con cuanto Dios nos ofrece como último destino. Traducir la nostalgia en música o en poesía supone abrirse a una certeza mayor que nuestra melancolía: el bien para el que hemos sido hechos existe, lo ven sin ver los ojos del corazón donde anida en su entraña esta incensurable exigencia. La nostalgia así, lejos de llenarnos de esa tristeza que destruye, que propiamente hablando es lo que llamamos melancolía, nos llena de una tristeza noble, una tristeza indómita. Nos hace rebeldes ante el mal que no sabemos resistir y al que no nos queremos resignar. Esta es la paradoja.

Santo Tomás definía la tristeza en positivo como la nostalgia de un bien ausente. Es la tristeza que se hermana siempre con la desproporción cotidiana que experimentamos ante el límite en todas sus formas: desde las más públicas y evidentes, hasta las más secretas e inconfesables. Y, sin embargo, esa nostalgia nos envuelve una y otra vez, acompañándonos con paciencia y piedad hacia el reestreno cotidiano de un abrazo: el destino para el que hemos sido hechos, la llamada que hemos recibido, a pesar de contradecir ese destino y esa llamada desde toda nuestra pequeñez junta.

En esta meditación pascual, queremos asomarnos calladamente a una serie de retablos en donde aparecen las escenas de encuentro con Jesús resucitado. Esta es la música callada como decía San Juan de la Cruz, que llena con su presencia la soledad sonora en nuestra alma. Son escenas que un retablo pascual. Son cantatas de un oratorio de Pascua. Y los colores cromáticos que allí se contemplan, las notas silenciosas que vemos que se entonan, representan los registros de mis ensueños audaces, mis miedos disfrazados, mis tibiezas desesperadas y mis alegrías con nombre.

2
El camino cristiano
de la Cuaresma

Al despuntar cada día el alba, la comunidad cristiana se recoge para ofrecer lo que todavía no ha sido escrito, antes de que todo suceda. Pero las laudes tienen esa impronta madrugadora de quien se adelanta a las cosas para vivirlas con Dios sin hacerlo contra nadie. Mientras que, en la oración vespertina, toda la Iglesia eleva a su Señor las vísperas cuando el día ya declina como plegaria agradecida con la que queremos dar gracias. Quedan atrás las horas, los sudores y las fatigas. También ya son pretérito lo que en ese día se nos ha concedido vivir entre el gozo que nos dilata el corazón y la mirada y los disgustos que nos encogen el alma y las entrañas. Pero hemos elevado nuestra oración cantando los salmos atreviéndonos a poner la Palabra de Dios en nuestros labios, sabedores de que no tenemos un verbo adecuado para decirle al Señor lo que de suyo es inefable. Y entonces tomamos prestada la salmodia como hicieron los profetas, como hicieron Jesús, María, los Apóstoles y los santos todos, y nuestra gente sencilla que aprendió a cantarlos con devoción popular. Le pedimos que venga en nuestro auxilio y que se apresurarse a socorrernos. Él nunca falta a la cita y llega puntual cuando el corazón se abre para alzar sus manos orantes y los labios se preparan para el canto de la alabanza.

La Cuaresma nos ha ido preparando en estas cinco semanas a través de la Palabra de Dios que la Iglesia nos proclama junto a las oraciones tan ricas en contenido y tan audaces en su petición llena de confianza. Llegando la Semana Santa se completa e intensifica el itinerario de subida al Jerusalén de la pascua. En Jesús fueron muchas las idas y venidas desde que comenzó su ministerio de buen Pastor con signos, gestos y palabras, dejando atrás aquellos casi treinta años de discreción misteriosa entre virutas y garlopas, en el taller de la carpintería donde fue iniciado en la profesión artesana de la madera por José de Nazaret, su padre adoptivo, bajo la mirada familiar de María, su madre virginal. De maderas iba la cosa, cuando al final le aguardaba el madero de la cruz redentora. Estamos ya en los últimos momentos de ese camino de tres años. El hogaño se hacía intenso sin olvidar cada uno de los encuentros con tanta gente de antaño: cada uno con su historia, con su edad y circunstancia, con sus heridas y preguntas.

A todos los que se abrieron a su paso les pudo ofrecer una palabra de vida y de consuelo que dilatase los horizontes apagados y difuminados ante la mirada perdida del viandante. Y no sólo una palabra, sino también la caricia de una gracia como un gesto fraterno de ese Dios cercano que se quiso humanar sin dejar de ser quién era como Hijo bienamado por antonomasia en su condición divina. Y esta es la trayectoria siempre actual, siempre inconclusa, siempre pendiente de un encuentro que nos abrace en ella para levantarnos y empujarnos en la dirección justa que coincide con la divina voluntad, pudiendo una y otra vez testimoniar que el Señor es capaz de arrancar nuestros sayales para revestirnos de un traje de fiesta, transformando nuestros lutos en un canto de victoria.

3
Los desiertos modernos: intemperies para nuestra esperanza

Así comenzamos esta meditación cuaresmal cuando tenemos ya detrás todo un recorrido que hemos hecho con la Iglesia al hilo de la liturgia de este tiempo especial de preparación para la pascua. Nos abrimos a las mociones del Señor y quiera Él bendecirnos con nuestra atención debida para aprestarnos a la sorpresa de un Dios que nunca aburre ni satura, y que diciéndonos lo mismo de siempre Él no se repite jamás. A la puerta está llamando, esperando que le abramos para pasar y cenar con nosotros y nosotros con Él, como emocionado nos recordaba San Juan en un rincón del Apocalipsis (*Apoc* 3,20).

3.1 Entre la inercia y la sorpresa de algo que Dios nos estrena

Se ponen graves los ámbitos de nuestros andurriales al llegar estas fechas de tan alta raigambre cristiana. Quizás ya nos iban avisando nuestras hermandades cofrades cuando ensayaban sus pasos procesionales al ritmo de timbales y cornetas como quien señala que ya llega la comitiva piadosa inundando de talento y devoción las calles y plazuelas de nuestros pueblos y ciudades, de nuestros barrios más a la vera.

No es una gravedad prestada e impostada, sino que emerge del hondón sincero de nuestra alma cristiana, a pesar de que seamos lentos, pobres e incoherentes cuando decimos con los labios lo que nuestra vida luego no narra. Pero, a pesar de estos requiebros tan humildemente humanos, nos asomamos a unos días especiales a los que nos convoca de nuevo la Iglesia, madre y maestra en medio de la edad de nuestros años.

Me lo he preguntado muchas veces, y lo he hecho en voz alta como queriendo compartir el interrogante que me zarandea para despertarme si sesteo en demasía adormilado en lontananza de las cosas esenciales que valen la pena. La pregunta es algo tan simple como una cifra: ¿cuántas cuaresmas llevo ya vividas y contadas desde que tengo uso de razón cristiana? Al ver que me salen bastantes, con pudor clandestino me hago siempre la siguiente pregunta mucho más inquisitiva: ¿qué han aportado a mi crecimiento y maduración cristiana? Según iba entonando el *miserere* pidiendo perdón por mi pequeñez torpe y pecadora, y aguardando la clemencia de la divina gracia, brotaba espontánea la audacia de quien tiene conciencia de su pobreza. No podía ni puedo negociar la compraventa, ni traficar con amaño algo que suene a derecho reivindicador, cuando sólo cabe la espera asombrada de la más gratuita de las gracias. Señor, ten piedad... musitaba en mi canto en voz baja, y no te canses de esperarme siempre en mi regreso a la casa encendida y habitada, tras todas mis intemperies en los extravíos de noches y mañanas fuera de tu mirada bondadosa de un Padre que cada día me aguarda.

Hemos sido llamados a una vida santa, es decir, a una vida cristiana capaz de abrazar cada instante y en cada momento ser abrazados con la compañía discreta de un Dios que jamás se ausenta al dejarse ver de tantos modos, que siempre nos habla cuando nos acerca su palabra o su silencio, un Dios al que, en definitiva, le importa mi vida, se sabe mi nombre y lo lleva tatuado en las palmas de sus manos como dice el profeta (*Is* 49,16).

Ya me gustaría poder sacudir la inercia de tantas Semanas Santas vividas antes. Porque ese costumbrismo que tanto nos ha acostumbrado devotamente, puede suscitar una actitud sabihonda como quien se apresta a escuchar un canto oído demasiadas veces, o releer una historia cuyo final ya se conoce de sobra. Una inercia acostumbrada que nos roba el asombro y acaso nos confina a una vivencia que hace tiempo dejó de conmovernos. Quiera Dios valerse de esta humilde reflexión para asomarnos a una Semana Santa inédita, esa que nunca antes sucedió y que jamás se repetirá, tal que esta que llegando estas fechas tenemos delante de nuestra calenda. Y que verdaderamente nos toque el corazón en sus pliegues más íntimos y enteros, para poder pedir con santa Teresa de Jesús: Dios «nos conceda saber lo mucho que le hemos costado» (2 *Moradas* 1,11), así decía conmovida nuestra andariega santa abulense.

3.2 La Cuaresma y el carnaval

Los cristianos hemos recorrido la senda cuaresmal que en el umbral de la Semana Santa llega ya a sus últimos recodos. Quedan atrás las charangas con sus notas de desenfado con más o menos gusto e ingenio en el pasado carnaval. Siempre que nos asomamos a las cenizas y a los carnavales del comienzo de la Cuaresma, podría parecer que los cristianos estamos ante una pugna, con ese pulso que cada año dicen que volvemos a plantear frente a todos. Es fácil endosarnos una especie de uniforme oscuro, en divisa cenicienta, que da la impresión de que somos gente dura, gente triste, amiga siempre del recorte de cualquier abundancia. Así se nos caricaturiza en no pocos foros de la opinión pública y en la publicada. Pero, evidentemente, no nos reconocemos en tal atuendo ni es nuestro tan ajeno disfraz.

Para no pocos, la Cuaresma es como una especie de secular venganza de la Iglesia contra la alegría, contra la visión optimista y juguetona de la existencia. Llega la Cuaresma cristiana y su mensaje sigue resultando extraño para tanta gente. Tanto que, algunos organizan su correspondiente vacuna folclórica: se sacan las coreografías del carnaval al uso, con disfraces y caretas, caravanas que intentan ser divertidas, bacanales a medida, desenfrenos de encargo y orgías pagables con tarjeta de crédito negras o multicolor.

Los cristianos dale con su Cuaresma, con sus ayunos, sus limosnas y sus plegarias. Quien tuviera que hacer una crónica apresurada de este escenario, tendría un fácil titular periodístico: la vieja batalla entre la señora cuaresma y don carnal, entre el libertinaje y los diez mil mandamientos, entre el paraíso fiscal del vale todo y el infierno penal con todos los peajes. Así las cosas, es justo y necesario que nos preguntemos si los cristianos somos tan extraños y obsoletos de verdad. ¿Nos embarca la Iglesia cada año a un viaje tan triste y sin final? Y bueno, no faltarán los que, alardeando de cuatro ideas religiosas prendidas del baúl de sus pretéritos, digan incluso: pero ¿no os ha resucitado Cristo ya? ¿A qué vienen, pues, todas estas alharacas oscurantistas y enlutadas en las que la Iglesia se empeña cada año? Y surge casi inevitable la inevitable conclusión: que los cristianos han perdido el tren de la vida, repiten sus trasnochadas cantinelas, y sus musas son sirenas de la nada en un paraíso que nadie frecuenta.

Hemos de decir que los cristianos, efectivamente, creemos que Cristo ha resucitado. Pero nosotros no. En nuestra vida quedan aún tantas cosas que tienen pendiente la pascua del Señor, tantas zonas en las que su luz resucitada todavía no ha entrado iluminando. Y año tras año hacemos el camino cuaresmal con la alegría del evidente realismo que deja fuera cualquier hipocresía, sin disfraces ni caretas: necesitamos resucitar también nosotros. Y lo hacemos andando el camino de Jesús. No creemos en una alegría fugaz, prestada, escondida tras una careta que tapa una realidad mucho menos halagüeña. Creemos en una alegría que es fruto de la verdad, de la verdad de nuestra vida, porque sólo la verdad nos hace libres y nos da esa alegría que nadie nos podrá arrebatar (cf. *Jn* 16,22).

La Cuaresma que nos aprestamos a concluir no es un túnel negro e inevitable que cada año hemos de recorrer los cristianos. Es un camino por el que volvemos a tomar el sendero que habíamos perdido, la paz que habíamos quebrado, la belleza que habíamos manchado, la bondad que habíamos embrutecido y la fidelidad que habíamos traicionado. Todos tenemos, en mayor o menor medida, necesidad de volver, esa vuelta que en el lenguaje cristiano llamamos conversión. Volver a empezar dejándonos abrazar por una misericordia infinitamente mayor que todos nuestros traspiés pecadores.

Nos metemos en estos andurriales cuaresmales y semanasanteros no porque la jarana de carnaval que ya caducó —como siempre— nos parezca un exceso, sino justamente porque nos sabe a demasiado poco. No nos asiste una actitud reaccionaria, sino una postura de realismo ambicioso: nuestro corazón no nos perdonaría jamás que a su infinita exigencia de felicidad la entretuviésemos con un contento que termina, con una alegría que lleva inscrita por doquier su camuflada fecha de caducidad.

3.3 El deseo incensurable: nostalgia de lo mejor que sucederá

Todos tenemos experiencia de que no logramos que nazca lo que en verdad sueña nuestro adentro. No llegamos a conseguir por nosotros mismos la realización de un destino para el que hemos nacido y al que nos es imposible renunciar. Este ensueño del corazón humano, corazón inquieto hasta que descanse en Dios, como decía el gran san Agustín (cf. *Confesiones,* 1,1), tiene nombre de paz, a ternura sabe, luminoso y claro es su color, en permanente deuda con ese buen Dios que endeudándonos nos hace libres como nadie y de verdad; un ensueño que no es privado sendero egoísta, sino que se abre de par en par hacia todas nuestras direcciones: las que nos llevan y nos traen hacia el Misterio de Dios mismo, las que nos recorren y sorprenden en el encuentro con el hermano y el amigo; las que nos adentran y nos comparten en la conciencia personal más nuestra; un ensueño tan viejo como eterno es Dios, huella que nos dejó marcada en nuestro barro fresco aún como si de una firma se tratase cuando nos hizo de arcilla nuestro Alfarero Dios; un ensueño mil veces intuido y otras mil veces extraviado, confundido y traicionado; un anhelo que nos constituye, que nos pone en pie cada mañana para volver a la hazaña de vivir y convivir la aventura cotidiana.

Es el íter de nuestro origen, el de cada hombre y cada mujer y el de la historia de la humanidad, el que nos empuja a buscar adecuadamente el camino que nos lleve a nuestro destino cierto, a ese para el que fuimos hechos y para el que nacimos. Por eso, ante la certeza evidente de ser vulnerables a tantos señuelos, débiles y cansinos ante tropiezos y enredos, por esta razón, precisamente por amor hacia lo mejor de nosotros mismos, la Iglesia nos volvió a proponer un año más la Cuaresma y es lo que tenemos cuando miramos tan cerca la Semana Santa tan a nuestra vera ya.

No tenemos un rancio complejo de estar al margen de determinadas grescas, porque no es su exceso el que nos amilana o asusta, sino su cortedad y chantaje lo que con lucidez nos desengaña. Todas esas cosas mejores de nuestro corazón y nuestra vida, lo son porque participan ya del triunfo pascual de Jesucristo, pero a fuer de ser sinceros, o sencillamente veraces, no todo lo que hay en nosotros o entre nosotros, goza de esa luz resucitada ni se deja abrazar por esos brazos desclavados para siempre del madero de la muerte. No queremos, entonces, que este tiempo en el que estamos, nos pase sin pena ni gloria un año más, porque la Semana Santa de este año es única, como únicas son nuestras preguntas y cuitas, nuestros retos y desafíos, nuestras lágrimas y sonrisas.

3.4 Los desiertos que nos desafían

El desierto es paso inevitable para llegar a Jerusalén, como lo fue también para el pueblo de Israel cada vez que salió de sus exilios en Egipto o Babilonia dirigiéndose a la tierra que Dios les prometió. No hay atajo que evite esos desiertos ni se pueden canjear por una bicoca a módico precio. El desierto son las afueras que nos provocan continuamente poniendo a prueba nuestra fortaleza, nuestra seguridad y confianza. Cada día constatamos la vulnerabilidad de nuestra vida. Todos los paraguas atómicos, todas las cámaras de seguridad, todos los drones con los que somos vigilados y las redes sociales que nos sirven para comunicarnos y al mismo tiempo para aislarnos más y más, dibujan con enorme incertidumbre la realidad dura de una intemperie global en un desierto moderno debidamente maquillado y adornado con las trampas de nuestro plexiglás. Y como se preguntó el pensador y exegeta franco-judío André Neher, también nosotros nos cuestionamos si después de Auschwitz es posible hacer teología ante una especie de exilio de la Palabra de Dios en medio de nuestros holocaustos, guerras y tragedias [Cf. A. NEHER, *L'esilio della Parola. Dal silenzio biblico al silenzio di Auschwitz* (Medusa, Napoli 2010); también puede verse el ensayo de D. DI MATTEO, *L'esilio della Parola. Il tema del silenzio nel pensiero di André Neher* (Mimesis, Milán 2020)].

En este sentido, es precioso el testimonio de Benedicto XVI cuando visitó ese campo de concentración nazi en Auschwitz-Birkenau en 2006 con aquellas conmovedoras palabras: «En un lugar como este se queda uno sin palabras; en el fondo sólo se puede guardar un silencio de estupor, un silencio que es un grito interior dirigido a Dios: ¿Por qué Señor, callaste? ¿Por qué toleraste todo esto? Con esta actitud de silencio nos inclinamos profundamente en nuestro interior ante las innumerables personas que aquí sufrieron y murieron. Sin embargo, este silencio se transforma en petición de perdón y reconciliación, hecha en voz alta, un grito al Dios vivo para que no vuelva a permitir jamás algo semejante» [BENEDICTO XVI, *Discurso en el campo de concentración de Auschwitz* (28 mayo 2006)].

Poniendo la fecha de nuestros días, podemos atestiguar que suenan hoy otras sirenas reabriendo los refugios antiaéreos que con premura y pánico absorben a la población impávida que no entiende casi nada de lo que está sucediendo. Las sirenas de nuestras prisas, los refugios de nuestras evasiones, las trincheras de nuestras batallas pendencieras. Son un macabro escenario que se repite en la larga historia de la humanidad: cambian los métodos, son más sofisticados los armamentos, pero el rictus de dolor, de miedo, y la capacidad de autodestrucción fratricida, sigue siendo la misma. Caín lo hizo con una simple quijada de asno matando de un golpe a su hermano Abel. Desde entonces hasta los drones de precisión milimétrica para asestar un golpe mortal al enemigo de enfrente, han pasado siglos y siglos, pero sigue siendo actual y vigente el absurdo que significa siempre matar al hermano, por pensar, sentir y creer de un modo distinto. Es un botón de muestra que nos dice que algo de nuestra convulsa historia de la humanidad tiene sin resolver cosas importantes.

Pueden darse las tormentas varias que nuestro mundo contradictorio escenifica en el foro internacional y nacional cuando vemos guerras que no cesan, cada vez más rebuscadas. Y corrupciones que laminan la política con los bribones que como tiburones no dejan de aprovecharse de todo y de todos para seguir apoltronados en sus vergüenzas a cualquier precio, como constatamos día a día. No es fácil asomarse a estos escenarios del mundo o de nuestra patria chica levantando acta de los desmanes impunes, de las mentiras zafias, de las violencias varias. Son el mapa de un desierto que asola nuestra sociedad actual poniendo patas arriba la mesura ponderada de un mundo asistido por la justicia y edificado sobre la paz en un beso que embelesa, como decía el salmista (*Sal* 84).

Luego están las catástrofes naturales que de vez en cuando nos explotan sin cita previa con volcanes que se enfurecen o riadas que nos arrasan. ¡Cuántos vientos soplan huracanados, lluvias que arrecian con virulencia, ríos que crecen desbordados... todo ello batiéndose contra una casa que no tiene cimientos en una roca firme que duda y se tambalea! (cf. *Mt* 7,24-25). Pueden darse también las confusiones extrañas y los momentos de perplejidad en donde menos cabría imaginar tamañas imposturas incluso dentro de la Iglesia, como si fuera una edición corregida y aumentada de la tempestad que nos refiere el Evangelio ante la zozobra de los discípulos y la apariencia durmiente del Maestro en la popa de la barca que los atenazaba con sus olas encrespadas (cf. *Mc* 4,37-41).

En medio de estos tablados del palenque mundial, nacional y eclesial viene a añadirse como bitácora más íntima el cansancio personal, no exento de miedo saturado y desanimado ante la falta de un horizonte claro o unas fuerzas menguadas quizás por no haber sido nutridas por lo que las fortalece y ensancha. Tantas cosas que nos retan y astillan desafiándonos, como frontispicio, en este inédito itinerario de la Cuaresma cristiana, en una especie de batalla sobrevenida frente a un Goliat que mete miedo y para el que no valen ni nuestras fugas cobardes e inhibidoras, ni las corazas y espadas prestadas que no sirven para nada (cf. *1 Sam* 17).

Así podemos entender lo que rezábamos el primer día de la cuaresma, el miércoles de ceniza, humilde plegaria que sube hasta Dios como incienso en su presencia: «Concédenos, Señor, comenzar el combate cristiano con el ayuno santo, para que, al luchar contra los enemigos espirituales, seamos fortalecidos con la ayuda de la austeridad». Es claro el combate cristiano al que soy invitado. No puedo claudicar en una rendición continua, en una actitud de derrota práctica en la trama cotidiana de quien no quiere luchar. Y para este combate se iza la bandera del ayuno como enseña de este deseo sincero de dar una batalla. No es un ayuno cualquiera, sino un ayuno santo que es el único ayuno que alimenta. No es un simple prescindir de alguna ingesta parcial e innecesaria como dieta adelgazante en un frívolo ramadán, sino ayunar de veras de aquello que me hace daño, de lo que es inútil, de lo que me paraliza y atonta, de lo que me distrae y enajena.

Y también saber reconocer el nombre de los enemigos espirituales que me diezman, me debilitan, me enfrentan por fuera y me rompen por dentro. Sólo así podré ser fortalecido con la austeridad que se me brinda como auténtica ayuda en mi camino, a mi edad y en esta coyuntura de mi circunstancia. Porque ignorar mi enfermedad no me cura, así como desconocer cuáles son los enemigos no me permitirá ganar la batalla.

3.5 El desierto de Jesús y su enseñanza

A los desiertos de la vida en donde se libra nuestro combate cristiano, hemos de añadir un desierto más que para nosotros resulta ser aleccionador en la Cuaresma: nada menos que en su pórtico encontramos a Jesús tentado por el diablo. También el Señor tuvo su desierto y ahí se libró el particular combate de su humanidad. Con el Hijo de Dios no pudo nunca Satanás. Pero con el Hijo del Hombre, lo quiso intentar. Dios y hombre verdadero, pero con esa doble naturaleza que reside en su única Persona.

Son varios los nombres que Satanás recibe en la Escritura, pero en todas sus manifestaciones subyace el mismo cometido: el que separa y arranca; esto es lo que significa diablo, dia-bolus: el que divide. Él usará casi siempre un estilo indirecto, porque no va abiertamente por la vida de «leal oposición» de Dios. Es otra de sus constantes: no ir de cara, disfrazar las razones y argumentos últimos (los diabólicos), con motivos asépticos e incluso presumiblemente buenos (encubrir, presentar apariencias, engañar).

Las tres tentaciones que sufre Jesús, tienen un denominador común: el envoltorio de la mentira con una forma condicional que hace más amable la transgresión. No es la propuesta grosera y bronca, sino la insinuación suave tal y como ya apareció en el relato del pecado de Eva, o en la narración de la prueba que a través de Dios hace a Job, y la que clarísimamente propone a Jesús en este Evangelio. Efectivamente, siempre comienza con un inocente condicional: «si... coméis de este árbol seréis como dioses» (*Gén* 3,5). «Si... le hieres a Job en sus bienes y en su carne, blasfemará» (*Job* 1-2). «Si...

eres hijo de Dios, si... te arrodillas ante mí» (*Lc* 4,3-9). Esta es la lógica de su chantaje con un aparentemente respetuoso condicional: si haces tal cosa, entonces... Es conocida su artimaña engañosa.

Quizás para nosotros, que pertenecemos a una sociedad que dice haberlo superado casi todo, esas páginas bíblicas con su demonio dentro nos parecerán lejanísimas o del todo irreales, propias de una religiosidad trasnochada y oscurantista. Pero lamentablemente el demonio –en medio de una generación que lo ignora y lo frivoliza– está más presente que nunca en los miedos, en los dramas, en las mentiras y en los vacíos del hombre postmoderno, aparentemente desenfadado, juguetón y divertido. Más allá de una escenografía pintoresca, que nos lo ha pintado con cuernos, rabo y tridente, rojete y pervertido para susto general del personal, hemos de comprender cuál es el verdadero significado de su acción diabólica de siempre.

Con Jesús, como con todos, el diablo tratará de hacerle una única tentación, aunque con diversos matices: romper la comunión con el Padre Dios. Para este fin, todos los medios serán aptos, hasta el citar la misma Biblia o disfrazarse de ángel de luz. Las tres tentaciones de Jesús son un ejemplo actualísimo: desde tu hambre, convierte las piedras en pan; desde tus aspiraciones, hazte dueño de todo; desde tu condición de hijo de Dios, pon a prueba su protección. Dicho de otro modo: el dia-bolus tratará de conducir a Jesús por un camino en el que Dios o es banal y superfluo, o es inútil y pernicioso.

Prescindir de Dios porque yo reduzco mis necesidades a un pan que yo mismo puedo fabricarme, cual si fuera mi propia hada mágica (1ª tentación). Prescindir de Dios modificando su plan sobre mí, incluyendo aspiraciones de dominio que no tienen que ver con la misión que Él me confió (2ª tentación). Prescindir de Dios banalizando su providencia, haciéndola capricho o divertimento (3ª tentación). Ya esto nos parece más cercano a nuestra realidad. Y gana en cercanía y actualidad si vamos traduciendo con nombres y escenario, cuáles son las tentaciones ¡reales! que a cada uno y a todos juntos, nos separan de Dios, y por tanto de los demás y hasta de nosotros mismos. La tentación del dios-tener (en todas sus manifestaciones de preocupación por el dinero, por la acumulación, por las «devociones» de lotos y azares, por el consumo crudo y duro). La tentación del dios-poder (con toda la gama de pretensiones trepadoras, que confunden el servicio a los demás con el servirse de los demás, para los propios intereses y controles que fácilmente vemos en algunos gobernantes). La tentación del dios-placer (con tantas, tan desdichadas y sobre todo tan deshumanizadoras formas de practicar el hedonismo más obsceno y pervertido, tratando de censurar inútilmente nuestra limitación y finitud con jaranas que caducan). Quizás pueda ilustrar esto que decimos desde la descripción vigorosa y provocativa que hizo el escritor inglés Thomas Stern Eliot a propósito de tres ídolos que han secuestrado a la generación moderna: el poder, el tener y el placer [Cf. T. S. ELIOT, *Poesías Reunidas 1909/1962* (Alianza, Madrid 1978) 182-183. Cf. L. GIUSSANI, *La conciencia religiosa del hombre moderno* (Encuentro, Madrid 1997) 14ss.].

¿Quién duda de que hay mil diablos, que nos encantan y seducen desde el chantaje de sus condiciones, y poniéndonoslo fácil y atractivo, nos separan de Dios, de los demás y de nosotros mismos? La tentación en sí misma no es buena ni mala, es una consecuencia de nuestra humana condición y del pecado original. El problema es ceder y negociar con el separador, pactar con el dia-bolus, con el que tiene una idea del mundo y de la historia en la que se ofende a Dios y el hombre se destruye. La cuaresma es un tiempo para volver a unir todo cuanto el tentador ha separado.

Estos son los desiertos modernos en los que somos tentados también nosotros. Estas son las intemperies inhóspitas en las que quedan en entredicho nuestra esperanza. No está mal tener esta conciencia clara de lo que nos estamos jugando, y de cómo Dios entra en la escena con toda su gracia para venir a nuestro encuentro desde su infinita espera, para celebrar nuestra llegada con el abrazo de su misericordia, para abrir de nuevo de par en par las puertas de su entraña en la que cada mañana yo era esperado. Podemos así decir con el salmista: «El Señor es mi luz y mi salvación, ¿a quién temeré?» (*Salmo* 26). Pero este feliz desenlace es el que veremos en la conferencia de mañana.

4
La casa encendida y habitada
donde se nos quiere
y se nos espera

Nos hemos adentrado en el desierto y hemos comprobado tantas intemperies que acosan y ponen a prueba nuestra esperanza, cuando por doquier vemos tantos escenarios internacionales, nacionales e incluso dentro de la comunidad cristiana que dibujan incertidumbre, arrojan sombras, producen temores y nos astillan y cansan. Son los momentos y las circunstancias que nos imponen masticar nuestra debilidad más humana, cuando no tenemos recursos ni herramientas para poder transformar las cosas devolviendo la belleza y la bondad primeras. Son las preguntas abiertas en el surco de nuestra biografía que nos dejan pobres, inseguros, dubitativos. Hay que amar las preguntas para poder reconocer la respuesta cuando nos llega, como decía el maestro de la palabra Rilke [Cf. R. M.ª RILKE, *Cartas a un joven poeta* (Alianza, Madrid 2005) 46-47].

El desierto es un trasiego inevitable con el que nos topamos tantas veces. El desierto son las periferias del alma y de la ciudad en donde se ponen a prueba nuestra fortaleza y confianza. Y todos tenemos la constancia de cómo nuestra vida es así de vulnerable entre los recodos de la existencia: los rincones en los que soñamos con ilusión o aquellos en los que nos pliegan las pesadillas, los ángulos enamorados que nos enfebrecen o esos otros en los que masticamos el tedio, los domicilios de

nuestra esperanza o aquellos en donde se nos cuelan los oku-
pas del desencanto. Así nos situamos ante los desiertos varios,
descendiendo también al desierto de Jesús en el que vimos es-
cenificar nuestra tentación más nuestra: querer ser como Dios
a toda costa, a cualquier precio, de modo blasfemo o con tintes
piadosos, pero en el fondo desplazando la discreta presencia
del Señor al que le importa mi vida.

Si este es el paisaje de nuestro cansancio, la palabra última
no corresponde al disgusto de un muro impenetrable en el que
nos rompemos la cabeza en el imposible intento de quererlo
traspasar. No, la palabra final nos abre la puerta en medio del
oscuro túnel, y enciende la luz en la densa penumbra que nos
hurta las formas y los colores de la vida. Es la palabra que Dios
mismo se quiso reservar como respuesta inmerecida introdu-
ciendo un requiebro en el que nace la esperanza más cierta.

4.1 Una historia inacabada que no sabe nacer

Comencemos por uno de los textos paulinos más hermosos en su carta a los Romanos, cuando habla de los tres gemidos que se escuchan en la historia: «Sabemos que hasta hoy
toda la creación está gimiendo y sufre dolores de parto. Y no
solo eso, sino que también nosotros, que poseemos las primi-
cias del Espíritu, gemimos en nuestro interior, aguardando la
adopción filial... Del mismo modo, el Espíritu acude en ayuda
de nuestra debilidad, pues nosotros no sabemos pedir como
conviene; pero el Espíritu mismo intercede por nosotros con
gemidos inefables» (*Rom* 8,22-26).

En una publicación de hace años, Carlo María Martini ex-
puso una aproximación al papel de María en las bodas de
Caná [Cf. C. M. MARTINI, *La mujer en su pueblo. El camino
de María con los hombres y las mujeres de todos los tiempos*
(Paulinas, Madrid 1988)]. Hablaba cómo la madre de Jesús
percibió el gemido de aquellos novios que se quedaron sin
vino en su fiesta nupcial. Pero Martini partirá de lo que él quiso
llamar la «teología de los tres gemidos», al hilo del texto pauli-

no de la carta a los Romanos. Un gemido no es un grito des-aforado, ni tampoco un suspiro terminal, sino un modo con-creto de expresar la carencia, la pobreza, la indigencia, pero con el trasfondo de esperanza de quien se sabe escuchado, liberado, redimido. El verbo gemir es el que se emplea en los evangelios para expresar acciones taumatúrgicas de Jesús: «Le presentaron un sordo, que, además, apenas podía hablar; y le piden que le imponga la mano. Él, apartándolo de la gente, a solas, le metió los dedos en los oídos y con la saliva le tocó la lengua. Y mirando al cielo, suspiró y le dijo: Effetá (esto es, "ábrete")» (*Mc* 7, 32-34). Esa expresión de «suspiró» es cabal-mente el verbo gemir. Que es el mismo que nos encontramos en el relato del discurso de Esteban al recordar la salida de Egipto: «Con mis propios ojos he visto la aflicción de mi pueblo que está en Egipto, he escuchado sus gemidos y he bajado a librarlos. Ahora ven, que voy a enviarte a Egipto» (*Hch* 7,34).

Es un texto bello y sugerente que san Pablo nos aporta en su carta a los Romanos, para hablar de esa teología de los gemidos de Dios. El Apóstol de los gentiles tiene una audaz imagen para hablar así de la historia inconclusa: que la crea-ción entera gime como una mujer que sufre dolores de parto (cf. *Rom* 8,22). Es como decir que la larga aventura del vivir no termina de nacer, la humanidad no sabe engendrar ni dar a luz algo que bondadosa y bellamente nos asombre y sorprenda, que nos dure y nos abrace sin que nada ni nadie lo pueda manchar, ni envilecer, ni derrumbar.

Estas son las intemperies que nos acorralan cada vez que no logramos vislumbrar el horizonte por donde amanece el sol ra-diante y cálido que no declina nunca, o la noche que no escon-de malas sombras insidiosas capaz de asustar nuestra esperan-za. Un sol que no deslumbre cuando nos alumbra la hermosura de las cosas, una luna que no se haga cómplice de las torpe-zas inconfesadas que nos hacen clandestinos de la maldad.

A esto no sabemos renunciar, y de mil modos el rebelde que llevamos dentro nos dice de tantas maneras que no debemos nunca resignarnos a la fatalidad, porque siempre tendremos ocasión y pretexto para volver a empezar tras nuestros desvaríos, nuestros extravíos, nuestros cansancios y harturas, nuestros llantos y pesares. Podrían ser muy graves y aplastantes nuestras penúltimas palabras, pero la palabra final en la historia de la humanidad y en la nuestra propia no nos pertenecerá jamás. Se la ha querido reservar Dios sólo para sí, porque es Él quien con sus labios creadores hizo las cosas diciéndolas en la primera mañana: «Dijo Dios... hágase» (*Gén* 1-2), y una tras otras las cosas abrieron sus ojos a los colores y a las formas, al asombro agradecido, al abrazo paterno que nos hizo hijos y, por eso, hermanos de todos, como cantó el santo Francisco de Asís:

> «Altísimo y omnipotente buen Señor, tuyas son las alabanzas, la gloria y el honor y toda bendición. Alabado seas mi Señor en todas tus criaturas, especialmente por el hermano sol, por la hermana luna y las estrellas, por el hermano viento, y por el fuego, y por la hermana madre tierra; por los que perdonan por tu amor y los que sufren enfermedad y tribulación. Por la hermana muerte. Dichosos los que vivan la voluntad de Dios. Alaben y bendigan al Señor, denle gracias y le sirvan con gran humildad [SAN FRANCISCO DE ASÍS, «Cántico de las criaturas», en J. A. GUERRA (ed.), *San Francisco de Asís. Escritos. Biografías. Documentos de la época* (BAC, Madrid 2023)].

No es un brindis al sol, sino un canto entonado por este santo franciscano a cada ser, porque en cada criatura se fijaron los ojos de este hombre sencillo y evangélico logrando percibir la firma de la bondad y la belleza que sobre cada ser Dios quiso volcar. Por eso, resulta provocador y chocante que desde otra mirada constatamos con san Pablo, que no logramos que nazca eso que fue creado con una inocencia primordial, tal y como nos restriegan demasiado las noticias que cotidianamente tenemos que asumir en la crónica indeseada de cuanto acontece.

Pero, además del gemido de la creación, el trance de dolor del parto de la historia, san Pablo señala otro gemido que coincide con nuestro propio corazón (cf. *Rom* 8,23). Sí, nosotros que hemos recibido tantas gracias, tantos beneficios que nos han protegido en los peligros y han revestido nuestra desnudez liviana, nosotros que hemos conocido a gente buena que se cruzó en nuestro camino. Y es que tenemos sobrada experiencia de cómo no siempre hemos secundado tamaño regalo y nos hemos dejado arrastrar a ese parto fallido cuyo gemido no alumbra la vida esperada. Formamos parte de esa misma historia, y nuestra biografía no es una colección aparte, con encuadernación lujosa en una edición especial para coleccionistas de postín. No, nosotros somos igual de pobres y torpes, igual de lentos y contradictorios, somos también nosotros pecadores en toda esa historia de la humanidad de la que formamos parte.

Y, sin embargo, tampoco aquí estamos ante un cruel desenlace que no tiene remedio ni puerta de salida. Por eso, el texto de san Pablo corona su aportación indicando un insospechado desenlace con el tercer gemido: Dios mismo también gime, y el gemido de su Espíritu es un grito que suena al dulce nombre del padre, del papá cariñoso y solícito: Abbá (cf. *Rom* 8,15). No es el resultado huérfano de una vida sin sentido, sino la restauración filial de quien viene a mi encuentro. De tal modo que en la apoteosis de este fragmento de la carta a los Romanos, san Pablo remata con algo que arranca los motivos de cualquier desesperación: «Si Dios está con nosotros, ¿quién estará contra nosotros?... ¿Quién nos separará del amor de Cristo?, ¿la tribulación?, ¿la angustia?, ¿la persecución?, ¿el hambre?, ¿la desnudez?, ¿el peligro?, ¿la espada?; como está escrito: Por tu causa nos degüellan cada día, nos tratan como a ovejas de matanza. Pero en todo esto vencemos de sobra gracias a aquel que nos ha amado. Pues estoy convencido de que ni muerte, ni vida, ni ángeles, ni principados, ni presente, ni futuro, ni potencias, ni altura, ni profundidad, ni ninguna otra criatura podrá separarnos del amor de Dios manifestado en Cristo Jesús, nuestro Señor» (*Rom* 8,31-39).

4.2 Reconciliarse con Dios: aprender a confesarse

Hay otro texto de san Pablo en la 2ª Corintios, que nos encuadra este tiempo de conversión, para sacudir las inercias y abrirnos a la gracia que nos abraza. Un verdadero guion para prepararnos a una auténtica confesión sacramental, que es gracia adecuada cuando se va terminando la Cuaresma. Dice así el texto del Apóstol: «Si alguno está en Cristo es una criatura nueva. Lo viejo ha pasado, ha comenzado lo nuevo. Todo procede de Dios, que nos reconcilió consigo por medio de Cristo y nos encargó el ministerio de la reconciliación. Porque Dios mismo estaba en Cristo reconciliando al mundo consigo, sin pedirles cuenta de sus pecados, y ha puesto en nosotros el mensaje de la reconciliación... En nombre de Cristo os pedimos que os reconciliéis con Dios» (2 *Cor* 5,17-20).

Si hay que reconciliar es que hay «conflictos»: cosas que están tensas, que sufren algún tipo de problemática, de oscuridad, de enmienda. Es un buen guion para preparar una confesión sacramental personal que en los días de la Semana Santa sería conveniente celebrar con calma y hondura. Son los tres interlocutores con los que habitualmente tenemos cosas que reconciliar en los conflictos posibles y variados:

a) En primer lugar, *reconciliarnos con el Señor* porque, aunque como creyentes no le neguemos, quizás tampoco como pecadores le afirmamos siempre, habiendo momentos o situaciones de nuestra vida en los que Dios no entra... porque no le abrimos la puerta, como nos recuerda el texto del Apocalipsis que recordábamos más arriba: «Mira, estoy de pie a la puerta y llamo. Si alguien escucha mi voz y abre la puerta, entraré en su casa y cenaré con él y él conmigo» (*Apoc* 3,20). Es esa censura que empuja a la privacidad más clandestina en las variadas situaciones en las que Dios no tiene cabida cuando traigo recuerdos del pasado que me hacen rehén, cuando sueño proyectos del futuro que me alteran con ansiedad, cuando construyo algo presente con la zozobra de los miedos e inseguridades. No es que Él se distraiga entretenido en otras cosas, o se escape fugándose de mí, sino que soy yo el que no se entera de la entrega infinitamente dedicada que me brinda. Jamás me retira su mirada, soy yo el que imposiblemente se esconde de sus ojos como nos recuerda el pudor de Adán y Eva entre el follaje de la foresta: «Cuando oyeron la voz del Señor Dios que se paseaba por el jardín a la hora de la brisa, Adán y su mujer se escondieron de la vista del Señor Dios entre los árboles del jardín. El Señor Dios llamó a Adán y le dijo: "¿Dónde estás?"» (*Gén* 3,8-9). Reconciliarnos con Dios.

b) En segundo lugar, *reconciliarnos con los hermanos*, porque hay muchas maneras de prescindir de ellos erigiéndome en pequeño dios que pretende saberlo todo, tenerlo todo, poderlo todo, sin necesidad de nadie desde esa vieja y única tentación de ser como Dios, pues sólo Él lo sabe todo, lo tiene todo y lo puede todo. Mi limitación humana me recuerda que no soy un Dios clonado, sino su hijo redimido con la necesidad de ser ayudado: las cosas que yo ignoro Dios me las enseña en los hermanos, tanto que quizás me falta Él que me lo regala en los hermanos, y lo que yo no puedo solo me lo hace posible con los hermanos. Bendita limitación y precariedad, dichosa menesterosidad personal que me abre fraternalmente a los que se me dan como ayuda adecuada (cf. *Gén* 2,18). Si no hacemos así, entonces juzgo y condeno, señalo y envidio, excluyo y zarandeo con daño: negando mi palabra, mi afecto, mi atención. Reconciliarnos con los hermanos.

c) Y, por último, *reconciliarnos con nosotros mismos*. Nuestra biografía tiene escenarios con los momentos que tienen las fechas de mis años y los domicilios de sus circunstancias. Así se teje nuestra historia más íntima y personal. Tantas cosas que suceden en nuestros recovecos más secretamente guardados y en sus periferias más públicamente exhibidas. Surgen ahí, especialmente en ese mundo tan interior que puede llegar a ser clandestino, las grandes preguntas que no tienen respuesta, los cansancios que me parten y astillan, las heridas que me desangran de mil modos y la mediocridad que llena de aburrimiento mis días. Se censura el rebelde de otros tiempos, se domestica el héroe de otras andanzas, se diluye el santo soñador de otros momentos. Y entramos en el bucle de una vida contada, pesada y medida que sólo responde al cálculo de mis pretensiones, de mis intereses, de mis caprichos y de mis fantasmas. Y, sin embargo, yo he nacido para una palabra que Dios quiere decirme a mí y contarla conmigo. Reconciliarnos con nosotros mismos es preguntarnos sencillamente qué estamos haciendo con nuestra vida cuando recorre los ámbitos familiares, los círculos amistosos, las responsabilidades laborales, la pertenencia eclesial. ¿Qué hago con mi vida? Reconciliarnos con nosotros mismos.

Son tres referentes para preparar la confesión sacramental que, con cuidado y sinceridad, en estos días deberemos celebrar. Porque toda confesión debe dar cuenta de cuanto por acción de cosas indebidas u omisión del bien que no hago, de palabras que llegan a herir o pensamientos que nos maquinan, llegamos a ofender el Corazón de Dios, y a escandalizar a los que tengo más cerca, mientras a veces sin saberlo nosotros mismos nos hacemos tanto daño en la conciencia. Es el camino de la reconciliación integral e integradora donde recuperamos la relación con el Señor, con los hermanos y con la humilde verdad de nosotros mismos.

4.3 Una parábola «desvergonzada» de Dios: la provocación divina más osada

Los evangelios nos presentan la vida y la muerte, el fracaso o el triunfo, tras cualquier escenario con niños que juegan en la plaza (cf *Lc* 7,31-35), o ancianas viudas que lo dan todo en limosna para el Templo (cf. *Mc* 12,41-44); con bodas de novios felices que se quedan sin el vino para festejarlo (cf. *Jn* 2,1-12); con cojos, sordos y ciegos que verán, escucharán y saltarán (cf. *Mt* 11,4-6); con leprosos de toda ralea que quedarán limpios (cf. *Lc* 17,11-18); con hambrientos de pan tierno y de palabras vivas que serán saciados con creces (cf. *Mt* 14,13-21); con curiosos miedosos van a Jesús de noche para exponerle sus dudas y preguntas como hizo Nicodemo (cf. *Jn* 3,1-13); con ladrones a mansalva como Zaqueo que tras una cena con el Señor devolverá cuatro veces más lo que había robado (cf. *Lc* 19,1-10); con mujeres usadas y abusadas en la noche de las vergüenzas, y denunciadas por sus abusadores al alba para poder lapidar al Maestro en la carne de la infamia (cf. *Jn* 8,1-11). Sí, cuántos escenarios, cuántas historias, cuántos momentos dramáticamente humanos en los que nos jugamos todo, como relatos en los que es fácil reconocernos a cada uno de nosotros con nuestras cuitas y episodios varios.

El evangelio de san Lucas es un relato centrado en la misericordia de un Dios que se hizo vulnerable por amor. Según se sube a Jerusalén, aparecen los encuentros con todo tipo de personas, en las mil vicisitudes de la existencia humana, en tantos registros de alegría gozosa o de pena llorosa, en la verdad que nos hace libres o en la mentira que nos hace tramposos. Cuántos rostros, cuántas lágrimas, cuántas sonrisas...

En el capítulo 15 del evangelio de san Lucas hay tres parábolas fundamentales. Son las que Jesús contará como respuesta a la insidia acusatoria de los letrados y fariseos que murmuraban contra Jesús porque éste se veía con pecadores y publicanos. Son las tres parábolas de la misericordia. Las dos primeras juegan con un mapa de la tragedia cuando se pierde algo que nos importa sobremanera.

La primera parábola cuenta el caso de una oveja perdida en las periferias de un desierto fuera del redil, que va a buscarla su pastor y no para hasta que la encuentra. El descarrío debilita, quiebra, inhabilita. Pero el hallazgo impone la alegría del mejor contento, y no repara en prendas ni pierde el tiempo en reprimendas: la carga sobre sus hombros para devolverla a casa, donde reúne a amigos y vecinos para comenzar la fiesta de una oveja hallada viva y no muerta.

«Jesús les dijo esta parábola: "¿Quién de vosotros que tiene cien ovejas y pierde una de ellas, no deja las noventa y nueve en el desierto y va tras la descarriada, hasta que la encuentra? Y, cuando la encuentra, se la carga sobre los hombros, muy contento; y, al llegar a casa, reúne a los amigos y a los vecinos", y les dice: "¡Alegraos conmigo!, he encontrado la oveja que se me había perdido". Os digo que así también habrá más alegría en el cielo por un solo pecador que se convierta que por noventa y nueve justos que no necesitan convertirse» (Lc 15,3-7).

La segunda parábola es una tragedia doméstica. Una buena mujer había perdido una dracma, verdadero capital para una mujer pobre que tan sólo tenía diez, posiblemente pertenecientes a la dote de su boda. Muchas cosas se quebraban perdiendo la dracma que no encontraba: el disgusto de no hallarla, el desprecio del marido por considerarla atolondrada, la irrisión de las vecinas que acaso se mofarían de ella. La mujer se afana y se empeña a fondo: enciende la lámpara, barre la casa, busca y rebusca con todo cuidado hasta que la encuentra. Entonces convoca a las amigas y vecinas, quizás con el pacto de que no dijeran nada a su marido, e hicieron la fiesta que no termina.

«O ¿qué mujer que tiene diez monedas, si se le pierde una, no enciende una lámpara y barre la casa y busca con cuidado, hasta que la encuentra? Y, cuando la encuentra, reúne a las amigas y a las vecinas y les dice: "¡Alegraos conmigo!, he encontrado la moneda que se me había perdido". Os digo que la misma alegría tendrán los ángeles de Dios por un solo pecador que se convierta"» (Lc 15,8-10).

Son las dos parábolas del encuentro: cuando se halla lo que se pierde por fuera o lo que se pierde por dentro, para venir a la conclusión didáctica de que Dios tiene más alegría por lo que logra rehacer, reconquistar, recuperar, que por lo que plácidamente tenía en el redil de un establo o en la caja fuerte de una casa.

Pero estas dos parábolas son una preparación remota para la gran enseñanza que san Lucas, y sólo él, nos viene a señalar en este capítulo 15 de su evangelio. Hay una expresión que utiliza un gran escritor francés, Charles Péguy al comentar las tres parábolas. Él quedó impresionado por la parábola del hijo pródigo, y afirmaba que se trata de una comparación en la que Dios perdió el pudor, fue más lejos de cuanto podía ir, y como si hubiera perdido la vergüenza nos declaró el amor que siente por cada uno de sus hijos.

Dice Péguy que hay una palabra de Dios sobre la que todo hombre ha llorado tantas veces. Sobre la que Él ha llorado también. Las otras palabras de Dios no se atreven a acompañar al hombre en sus más grandes despropósitos. Pero ésta es, en verdad, una palabra desvergonzada. Tiene agarrado al hombre por el corazón, por un punto que ella sabe, y no lo suelta. No tiene miedo. No tiene vergüenza. Todas las otras palabras de Dios son pudorosas. No se atreven a acompañar al hombre en las vergüenzas del pecado. Pero esta es como una hermanita de los pobres que no tiene miedo de tocar a un enfermo y a un pobre. Ella desafía por así decir, al pecador. Y le dijo: por donde vayas iré. Ya verás. Conmigo no tendrás paz. No te dejaré en paz [cf. CH. PÉGUY, *El pórtico del misterio de la segunda virtud* (Encuentro, Madrid 1991) 119-120]. Esta es la parábola:

«Un hombre tenía dos hijos; el menor de ellos dijo a su padre: "Padre, dame la parte que me toca de la fortuna". El padre les repartió los bienes. No muchos días después, el hijo menor, juntando todo lo suyo, se marchó a un país lejano, y allí derrochó su fortuna viviendo perdidamente. Cuando lo había gastado todo, vino por aquella tierra un hambre terrible, y empezó él a pasar necesidad. Fue entonces y se contrató con uno de los ciudadanos de aquel país que lo mandó a sus campos a apacentar cerdos. Deseaba saciarse de las algarrobas que comían los cerdos, pero nadie le daba nada. Recapacitando entonces, se dijo: "Cuántos jornaleros de mi padre tienen abundancia de pan, mientras yo aquí me muero de hambre. Me levantaré, me pondré en camino adonde está mi padre, y le diré: Padre, he pecado contra el cielo y contra ti; ya no merezco llamarme hijo tuyo: trátame como a uno de tus jornaleros". Se levantó y vino adonde estaba su padre; cuando todavía estaba lejos, su padre lo vio y se le conmovieron las entrañas; y, echando a correr, se le echó al cuello y lo cubrió de besos. Su hijo le dijo: "Padre, he pecado contra el cielo y contra ti; ya no merezco llamarme hijo tuyo". Pero el padre dijo a sus criados: "Sacad enseguida la mejor túnica y vestídsela; ponedle un anillo en la mano y sandalias en los pies; traed el ternero cebado y sacrificadlo; comamos y celebremos un banquete, porque este hijo mío estaba muerto y ha revivido; estaba perdido y lo hemos encontrado". Y empezaron a celebrar el banquete. Su hijo mayor estaba en el campo. Cuando al volver se acercaba a la casa, oyó la música y la danza, y llamando a uno de los criados, le preguntó qué era aquello. Este le contestó: "Ha vuelto tu hermano; y tu padre ha sacrificado el ternero cebado, porque lo ha recobrado con salud". Él se indignó y no quería entrar, pero su padre salió e intentaba persuadirlo. Entonces él respondió a su padre: "Mira: en tantos años como te sirvo, sin desobedecer nunca una orden tuya, a mí nunca me has dado un cabrito para tener un banquete con mis amigos; en cambio, cuando ha venido ese hijo tuyo que se ha comido tus bienes con malas mujeres, le matas el ternero cebado". Él le dijo: "Hijo, tú estás siempre conmigo, y todo lo mío es tuyo; pero era preciso celebrar un banquete y alegrarse, porque este hermano tuyo estaba muerto y ha revivido; estaba perdido y lo hemos encontrado"» (*Lc* 15,11-32).

Es conocido el relato: son tres los protagonistas. El hijo pequeño se pierde por fuera, yendo a los confines de sus desiertos donde se topó con la nada más vacía. Malgastó lo que no había sudado jamás, aquello que heredó gratuitamente y frívolamente dilapidó. Terminó en el desenlace más triste de dedicarse a cuidar cerdos, el animal más impuro que ni siquiera estaba permitido tocar. En su delirio aspiraba a ser alimentado por las bellotas que comían los puercos, y ni siquiera esto se le concedía. Tocó techo, tocó fondo, y le dio un ataque de envidia pensando en los jornaleros de la casa de su padre. No fue el recuerdo del padre quien le encendió la piedad, ni siquiera la casa como el hogar acogedor. Fue la envidia comparativa lo que le movió al regreso.

Preparó el discurso y fue con su pretexto al encuentro de su padre, al encuentro de su hambre con las ganas de saciarse nuevamente de modo gratuito. Pero ese discurso no le interesó al padre que cada mañana se asomaba para ver su incierto regreso. Aquel día al verlo llegar se produjo el milagro que san Lucas refiere: todo un proceso que nos deja conmovidos, sorprendidos y perplejos. Lo recordamos porque son seis acciones que se suceden una tras otra:

a) *Cuando aún estaba lejos*. Es el primer regalo. Que somos avistados cuando todavía estamos lejos con nuestra lontananza de los desvaríos personales, la que cada uno tiene y cultiva, la que nos separa de Dios por tantos motivos y nos hace extraños a nuestros hermanos. El punto de partida coincide con la distancia que me alejó del Señor y desde ahí Él aguarda mi llegada. No hay mapas en Dios incapaces de señalar mis extravíos, no hay recursos inviables para que yo mueva mis pies hacia la paterna morada. Es el mapamundi del amor que no se rinde, el que todo lo perdona y disculpa sin límites como dirá san Pablo en su célebre himno de la caridad: «El amor es paciente, es benigno; el amor no tiene envidia, no presume, no se engríe; no es indecoroso ni egoísta; no se irrita; no lleva cuentas del mal; no se alegra de la injusticia, sino que goza con la verdad. Todo lo excusa, todo lo cree, todo lo espera, todo lo soporta. El amor no pasa nunca» (1 *Cor* 13,4-8).

b) *Aquel padre lo vio*. No hay escondrijo en el que escabullirnos de Dios. Su mirada nos contempla siempre: nada de nuestros sentimientos, de nuestros rencores, de nuestros caprichos, de nuestros inconfesables deseos o maquilladas pretensiones, están al margen de su mirada. Pero son ojos de padre y no de gendarme. Se cumple lo que ya decía el salmista: «Señor, tú me sondeas y me conoces. Me conoces cuando me siento o me levanto, de lejos penetras mis pensamientos; distingues mi camino y mi descanso, todas mis sendas te son familiares. No ha llegado la palabra a mi lengua, y ya, Señor, te la sabes toda... ¿Adónde iré lejos de tu aliento, adónde escaparé de tu mirada? Si escalo el cielo, allí estás tú; si me acuesto en el abismo, allí te encuentro; si vuelo hasta el margen de la aurora, si emigro hasta el confín del mar, allí me alcanzará tu izquierda, me agarrará tu derecha» (*Sal* 138,1-10).

c) *Y corrió hacia él*. Es como querer anticipar el encuentro, haciendo fácil un abrazo que cada mañana el padre imaginó y que jamás renunció a que pudiera algún día suceder. No es la prisa de una cita, sino el apresuramiento de un afecto que por fin ve cumplido el regreso de quien se extravió. Todo un gesto que escenifica la premura amorosa de quien desea cuanto antes que se produzca el encuentro sanador que pueda restituir la dignidad perdida, la confianza truncada y la mirada extraviada en las distracciones malditas. Es Dios mismo que se me abalanza con esa carrera que me tiene a mí como bendita meta.

d) *Y lo abrazó colmándolo de besos*. No hay atisbo de reproche. No hay examen de improperios, no hay ajuste de cuentas, sino simplemente el cariño manifiesto de quien reseña que lo que había perdido de malas maneras, finalmente se recuperó poniendo un beso en su extravío, poniendo abrazo en su desarrapado desconcierto. Curiosa y piadosa manera de acortar el tiempo y el espacio que los había separado pródigamente: nada menos que con un abrazo que pone distancia corta al beso. Es la misma conmoción que experimentó Labán cuando supo quién era Jacob que acababa de llegar, tras haber besado éste a Raquel: «Cuando Labán oyó las noticias acerca de Jacob, hijo de su hermana, salió corriendo a su encuentro, lo abrazó, lo besó y lo llevó a su casa» (*Gén* 29,13).

e) *Y mandó a los criados vestirlo de fiesta*: con túnica nueva, con anillo y sandalias, porque sólo los esclavos andaban descalzos y ahí delante tenía a un hijo querido. Era el vestido festivo, como un atuendo de bodas, en un hijo perdido que se reencontró en la lontananza de todos sus exilios. Si el abrazo y los besos revistió el corazón en sus adentros de quien regresaba, ahora el ropaje festivo externalizaba la alegría para que quedase patente el motivo gozoso de aquella reentrada. Aquí se concentra toda la emoción del salmista que cantaba admirado el cambio de su atuendo moral: «Cambiaste mi luto en danzas, me desataste el sayal y me has vestido de fiesta; te cantará mi alma sin callarse. Señor, Dios mío, te daré gracias por siempre» (*Sal* 30,12-13).

f) *Y mandó traer el novillo de la matanza cebada*, el que se reservaba para el banquete especial de una fiesta sin igual por un motivo inesperado que cada mañana se aguardaba que pudiera suceder. No fue, pues, un simple y simplón aperitivo para justificar ramplonamente una alegría impostada, sino que se organizó una auténtica comida festiva con los manjares más suculentos que se guardaban únicamente hasta la ocasión señalada. Así será luego con el mismo Jesús al llegar la cena pascual en la que será Él mismo el cordero: «Y él les dijo: Mirad, cuando entréis en la ciudad, os saldrá al paso un hombre llevando un cántaro de agua. Seguidlo hasta la casa en que entre y diréis al dueño de la casa: El Maestro te pregunta: ¿Dónde está la habitación en la que voy a comer la Pascua con mis discípulos? Él os mostrará en el piso superior una habitación grande amueblada con divanes. Preparadla allí». Fueron y lo encontraron como les había dicho y prepararon la Pascua. Y cuando llegó la hora, se sentó a la mesa y los apóstoles con él y les dijo: "Ardientemente he deseado comer esta Pascua con vosotros"» (Lc 22,10-15).

En este impresionante relato parabólico, el Padre de misericordias que protagoniza toda la escena confesará con humildad enamorada la razón de tanta algarabía: que un hijo estaba muerto y ha vuelto a la vida, que estaba perdido y ha sido encontrado. No había más y no había menos que esta noticia bendita.

Lamentablemente había otro hijo que no estaba en la retina de aquel padre cada mañana, ni en sus brazos abiertos para cuando regresara. Era un hijo cumplidor que nunca se fue de casa, que jamás reclamó la herencia, que no arruinó su patrimonio con mujeres malas. Pero ese hijo no vivía en aquella casa como hijo, sino como huérfano resentido, como un jornalero con apellidos que tristemente vivía en el rencor de su tristeza.

Y escuchando los sones de la fiesta y el despliegue del banquete, pidió cuentas de tamaño despilfarro, como si hiciera una auditoría a la alegría de la casa y del gozo de aquel padre. No entendió la música, ni el canto, ni las viandas ni el baile. No entendió al padre ni a su hermano. Todo le resultaba desproporcionado y desdeñable. Y así inquirió a su padre las cuentas: ¿a qué viene todo esto... espero que no sea como gratificación por las aventuras de mi hermano y sus prodigalidades? Pero fue como un jarro de agua fría y helada, que le dejó yerta su alma reconcomida por la envidia más desesperada: Yo cumpliendo, yo sin pedir herencias, yo trabajando a destajo jornalero... y tú haciendo fiesta por el hijo perdido, con aquellas mujeres –insistía en el argumento–, mientras que jamás me has concedido tener siquiera un guateque con los míos. Así de triste, así de justiciera y mezquina fue la reacción resentida de un hijo que en el fondo era un huérfano.

La parábola termina sin concluir como una historia inacabada, como la bella sinfonía 8ª de Franz Schubert que dejó sin terminar. No fue un despiste de Jesús, ni un desliz de san Lucas, sino que se nos invita a examinar en este relato cuál es en verdad nuestra vida cristiana de verdad. Cuáles son nuestros devaneos pródigos que nos llevan a malgastar una preciosa herencia que se nos ha dado sin tener que sudar. Cuáles son nuestras nostalgias que nos enfrentan con los vacíos de nuestras nadas, nuestros fracasos y miedos que nos empujan a la mediocridad. Cuáles son los tropiezos que nos hacen malos cristianos por traicionar lo que Jesús nos ha propuesto y regalado de tantas formas en nuestra historia personal seamos sacerdotes, religiosos o laicos, con nuestra vocación, nuestra profesión y nuestro lugar en la Iglesia y en la sociedad. Y cuál es también mi actitud por vivir cristianamente la vida y sus cosas dentro de la Iglesia.

Leer biográficamente estas tres parábolas, especialmente la tercera, es un examen de conciencia que nos educa y prepara para pedir el perdón que más necesitamos, el que más redime nuestra pobreza y el que más nos levanta de nuestro fango. Pero tenemos la certeza de que más allá de nuestra parte compartida con el hijo pródigo o con el hijo resentido, estamos ante el tierno y amable regalo de confrontarnos con un padre bueno, lleno de ternura y misericordia que viene a nuestro encuentro. Esta es la noticia que celebramos al final de cada triduo pascual con el triunfo de Jesús sobre nuestras traiciones y lágrimas en el patio de nuestros miedos junto a una fogata cualquiera. Es la noticia de que nuestros sepulcros estarán para siempre vacíos con la piedra de nuestra incredulidad removida. Es la noticia de que, tras todas nuestras noches, llega la alborada bendita, y tras todos nuestros hastíos surge la razón de nuestra esperanza rediviva.

Esto es lo que celebramos en esos días tan especiales. Este es el aleluya de nuestra dicha. Este es el motivo de nuestra alegría de pascua. Es lo que cabe desear tras surcar los desiertos de incertidumbre que no nos harán jamás rehenes de nuestra desdicha malhadada, sino testigos del regalo de la gracia que nunca defrauda, llegando a la casa encendida y habitada donde cada mañana somos esperados por quien tiene en la misericordia su entraña.

5

Aquel Domingo de Ramos:
entre vivas y hosannas

Son varios los relatos de la entrada de Jesús en la ciudad santa de Jerusalén. Los escuchamos en ese día en el que la rememoramos dando así comienzo a la Semana Santa cristiana. Hubo «vivas» y «hosannas» a la usanza judía de un día de fiesta, acogiendo a alguien que no era un desconocido: por unos admirado y por otros odiado. Por eso se tornó en preludio de la otra gran proclama casi por el mismo auditorio: «crucifícalo». Era el punto de partida:

«Al día siguiente, la gran multitud de gente que había venido a la fiesta, al oír que Jesús venía a Jerusalén, tomaron ramos de palmeras y salieron a su encuentro gritando: "¡Hosanna! ¡Bendito el que viene en nombre del Señor, el Rey de Israel"! Encontrando Jesús un pollino montó sobre él, como está escrito: "No temas, hija de Sión; he aquí que viene tu Rey, sentado sobre un pollino de asna". Estas cosas no las comprendieron sus discípulos al principio, pero cuando Jesús fue glorificado, entonces se acordaron de que esto estaba escrito acerca de él y que así lo habían hecho para con él. Entre la gente que daba testimonio se encontraban los que habían estado con él cuando llamó a Lázaro del sepulcro y lo resucitó de entre los muertos. Por esto, también le salió al encuentro la muchedumbre porque habían oído que él había hecho este signo. Por su parte, los fariseos se dijeron a sí mismos: "Veis que no adelantáis nada. He aquí que todo el mundo le sigue". Entre los que habían venido a celebrar la fiesta había algunos griegos; estos, acercándose a Felipe, el de Betsaida de Galilea, le rogaban: "Señor, queremos ver a Jesús". Felipe fue a decírselo a Andrés; y Andrés y Felipe fueron a decírselo a Jesús. Jesús les contestó: "Ha llegado la hora de que sea glorificado el Hijo del hombre. En verdad, en verdad os digo: si el grano de trigo no cae en tierra y muere, queda infecundo; pero si muere, da mucho fruto. El que se ama a sí mismo, se pierde, y el que se aborrece a sí mismo en este mundo, se guardará para la vida eterna. El que quiera servirme, que me siga, y donde esté yo, allí también estará mi servidor; a quien me sirva, el Padre lo honrará"» (*Jn* 12,12-26).

Se ha abierto la puerta de esta Semana Santa, la más grande e importante del calendario cristiano. No hay botón de pausa en el calendario de la vida. De modo imparable vamos cumpliendo años que dibujan canas en el pelo, arrugas en el rostro, y un cierto sobresalto cuando nos sentamos y miramos hacia atrás de reojo. Todas las luces y las sombras, los momentos gozosos y los que nos han podido dañar, ahí están en nuestro inmediato pasado. Sueños que se cumplieron llenándonos de paz, despertares de pesadilla que nos alteraron, gente que se nos fue como otra gente nos fue llegando. Certezas que se hicieron duda, o interrogantes que encontraron respuesta. ¡Cuántas cosas, sentimientos, recuerdos o proyectos, cuántos presentes nos han venido saludando, o acorralando, o bendiciendo! Quedan atrás las cinco semanas de una cuaresma única, como única es la Semana Santa que con los Ramos comienza. Única porque nunca antes había sucedido y jamás después se repetirá. Un año después de la última Semana Santa, ¡cuántas cosas han sucedido que hacen que tengamos inevitablemente una mirada distinta a las cosas que suceden por dentro y por fuera! Hemos soñado y brindado por tantas cosas, pero también ha habido no pocas que nos han roto en llanto, que han sembrado miedo y cansancio. ¡Cuántos episodios y circunstancias íntimas en el corazón o bien patentes en las afueras del alma, hacen que la Semana

Santa que hoy comienza tenga una fecha de estreno y dibuje un paisaje novedoso con todas sus luces y todas sus sombras! Vivamos así agradecidos lo que en esta semana especial se nos va a volver a narrar.

Fue larga la andadura de Jesús. Por breves que puedan parecer los pocos años que compartió con nosotros, fueron de una inmensa intensidad. La historia de Jesús como hombre que se hizo igual a nosotros en todo menos en el pecado (cf. *Heb* 4,5), tuvo una meta hacia la cual Él fue caminando mientras subía a Jerusalén. En esa larga subida que no sólo duró tres años de actividad evangelizadora, sino que también cuentan los treinta años precedentes en el misterio de Belén, de Egipto y Nazaret, donde sucedió todo lo que nos cuentan los evangelios: las lágrimas que Jesús enjugó, los juegos infantiles que observó, los pecados que pudo perdonar, las vidas desastradas que reorientó. No hubo rincón humano en el que no estuviera Él presente con una palabra que decir y una gracia que ofrecer. Pero Jerusalén era la etapa final, el final del trayecto de toda una vida. La entrada de Cristo en Jerusalén coincide con la entrada de los cristianos en la Semana Santa, que es la gran semana cristiana en la que se agolpa y concentra el supremo testimonio de Jesús como el Dios-Hombre fiel hasta la muerte: fiel a su Padre y fiel a sus hermanos, haciendo el querer de su Padre y amando con todas las consecuencias a sus hermanos.

Al llegar a la Ciudad Santa de Jerusalén, Jesús lo hizo montado en un humilde borriquillo. No es el rey que entra a caballo con espada en ristre, reduciendo a golpe de amenaza a los que encuentra en las calles para hacerlos cautivos de su pretensión dominadora que no tuvo jamás. No viene de los campos de batalla donde desafiase a sus contrarios en un pulso de a ver quién puede más. Jesús tiene una entrada en Jerusalén que no fue sobre un corcel de guerrero, sino encima de una humilde borriquilla que camina lenta como nuestro deambular cansado, que está a la altura de nuestros ojos para que se crucen nuestras miradas, que se deja tocar como un Dios cercano que no se escapa ni se fuga de nuestras incoherencias y pecados.

«Hosanna», le dijeron. Era el saludo de la bienvenida a quien llegaba como mensajero de la paz. Los niños hebreos y aquellas gentes sencillas reconocieron a Jesús como un rey distinto: sus manos bendecían, sus labios susurraban palabras verdaderas, sus ojos eran capaces de mirar con ternura, mientras a su paso repartía con su gracia el bien y la paz. Sólo Jesús sabía el sentido hondo y las consecuencias de esa entrada aparentemente inocente y festiva. Un pueblo capaz de brindar su mejor acogida puede después si es educativamente domesticado, calculadamente corrompido o estratégicamente manipulado, cambiar su saludo por una orden de condenación. Tantos labios que cantaron el «hosanna», días después vociferaron el «crucifícalo».

Quedan atrás tantos recodos del camino en los que Jesús pasó haciendo el bien. Sus encuentros con la gente, su peculiar modo de abrazar el problema humano, unas veces brindando sus gozos como en Caná, otras llorando sus sufrimientos como en Betania; en ocasiones curando todo tipo de dolencias, o iluminando todo tipo de oscuridad o saciando todo tipo de hambres, y en otras airado contra los comerciantes en el templo y contra los fariseos en todas partes. Jesús que bendice, que enseña, que reza, que cura, que libera. Ahora es el momento último y final de este drama humano y divino. A él nos asomamos en el domingo de Ramos con el relato de la Pasión que escuchamos en el Evangelio.

El *Padre* pronunciará por última vez su última Palabra, la de su Hijo, y con ella nos lo dirá y nos lo dará todo. El *Hijo* repetirá que lo esencial es el amor con esa medida sin-medida que Él nos ha manifestado en su historia, el amor que ama hasta el final y más allá de la muerte. Y el *pueblo* es como es. Ahí estamos nosotros. Unas veces gritando «hosanas» al Señor, y otras crucificándole de mil maneras, como hizo la muchedumbre hace dos mil años; unas veces cortaremos hasta la oreja del que ose tocar a nuestro Señor, y otras le ignoraremos hasta el perjuro en la fuga más cobarde junto a una fogata cualquiera, como hizo Pedro; unas veces le traicionaremos con un beso envenenado como hizo Judas, o con una aséptica cobardía que necesita lavar la culpabilidad de sus manos cómplices como hizo Pilato; unas veces seremos fieles tristemente haciéndonos solidarios de una causa perdida, como María Magdalena; otras trataremos de ser fieles con la serenidad de una fe que cree y espera una palabra más allá de la muerte, como María, la Madre. Ahora es el momento último y final del relato humano y divino de la Pasión que hemos escuchado en el evangelio.

Ese drama de Jesús no era suyo, sino nuestro, pero tanto y tan seriamente quiso abrazarlo, que a la postre hizo suyos todos nuestros problemas, absurdos, sin-sentidos, todos nuestros egoísmos, hipocresías, fracasos, tristezas... todos nuestros pecados. Es muy importante ver en este drama de la Pasión de Jesús no tanto lo que ocurrió hace veinte siglos, sino lo que ha ocurrido siempre, entonces y ahora, con aquellos y con todos los demás que hemos ido viniendo después al escenario de la historia.

Pero sabemos que no tienen la última palabra nuestros fallos, nuestras contradicciones, nuestros pecados. Con la Iglesia, con todos los cristianos, nos disponemos a re-vivir el memorial del amor con el que Jesús nos abrazó hasta hacernos nuevos, devolviéndonos la posibilidad de ser humanos de veras y felices por entero, de ser hijos de Dios y hermanos de los prójimos que Él nos da. Vivamos con hondura cristiana estas fechas tan centrales de nuestra fe con la devoción popular que se asoma a las procesiones de las calles, con el fervor religioso que vive la liturgia y los sacramentos en nuestras iglesias. Y que conmovidos por el amor tan grande del Señor podamos construir un mundo que sea reflejo fiel de cuanto Dios soñó para nosotros sus hijos. Semana Santa para recorrer con devoción, con arte y religiosidad el camino que nos conduce a la Pascua del Señor resucitado.

Esta es la Semana Santa cristiana, tan distinta y distante de la semana santa del turismo y del relax, pero en la que hay algo que sabe siempre a nuevo para quien se atreve a acoger en estos días la verdadera y eterna novedad de Jesucristo muerto y resucitado. Jerusalén tuvo una razón como final de viaje: mi salvación. Y es lo que de modo inédito volvemos a celebrar. Quiera Dios que en estos días santos nos adentremos en lo mucho que Dios nos viene a dar en medio de la sorpresa de su inagotable gracia tan llena de misericordia, fortaleza y de paz.

6

Ungidos para ser bálsamo fraterno. La misa crismal del Pueblo de Dios

Con toda la Iglesia entramos el domingo pasado en Jerusalén con los ramos de nuestra alabanza, dando gracias y bendiciendo a quien viene en nombre del Señor. Así hemos dado inicio a esta semana santa, la Semana Grande del calendario cristiano. Hemos de sacudirnos la inercia ante unas calendas que no saben pararse porque el tiempo que transcurre no se puede detener. Y puede que nos sintamos empujados a seguir al rebufo apresurado que impide que con calma hagamos paréntesis reflexivos, pausas orantes, distancias ponderadas para tomar razón de las cosas que suceden, para ahondar en su sentido, para agradecer los dones. Decía el gran escritor inglés Thomas Stern Eliot: «Tuvimos la experiencia, pero perdimos el significado» (en su obra «Cuatro cuartetos»). Es decir, hemos hecho en algún momento de nuestra vida una bella y verdadera experiencia que nos tocó el corazón, que abrió horizontes, que nos invitó a un compromiso de por vida. Y podríamos alargar esa misma experiencia sin truncarla ni interrumpirla. Pero queda vaciada de sentido cuando perdemos el significado que debería seguir teniendo.

Y esto podría sucedernos si no estamos atentos a cuanto cada día se nos vuelve a dar y a decir de parte de quien nos llama y acompaña, el Señor. Porque podemos haber hecho tantas experiencias que han llenado de sentido nuestros pasos, de ilusión nuestros ensueños, de verdad nuestro corazón, pero si realizamos esas experiencias como una repetición convenida, pero olvidando el significado que esos momentos tienen, entonces somos autómatas que cansinamente hacen las cosas, aburridamente las proponen y vigilan, sin que tengan asomo de una novedad que nos conmueve en su reestreno cotidiano. Sería repetir algo caducado, y no la novedad que vuelve a sorprendernos con la ilusión del primer momento. Para nosotros sacerdotes, es una invitación serena ante nuestra humilde verdad: seguir haciendo la experiencia, sin olvidar jamás su significado.

La Misa Crismal no es una celebración privada de la clerecía, sino la que corresponde a todo el pueblo de Dios que realizamos junto al obispo en la Catedral como iglesia madre de la comunidad diocesana: los sacerdotes con nuestro ministerio vivido y celebrado, los religiosos con sus carismas de consagrados, los laicos con el compromiso de su bautismo en la familia, el trabajo y la política. Es un gesto de verdadera comunión eclesial por parte de cuantos formamos la Iglesia de Cristo.

En esta Misa consagraremos los Santos Óleos que tienen que ver con esa unción sagrada que Dios vierte en nuestras heridas abiertas y en nuestras cicatrices no curadas. Es el óleo que anuncia la paz con los labios creadores del Espíritu de Dios que sobrevuela nuestros diluvios de tensiones, desencuentros y violencias de toda forma y manera. Es el óleo con el que se restaña el dolor por las cosas que nos han hecho daño y que no logramos comprender ni hemos sabido utilizar redentoramente para volver nuestra mirada a lo único importante que vale la pena. Es el óleo que nos fortalece poniendo suavidad y quitando rigidez en que aquello que nos endureció ante Dios y ante los hermanos. Este óleo santo bendito como la gracia de Dios, lo consagramos en esta Misa en la que somos nuevamente ungidos mirando las heridas del Costado de Cristo que nos abre la puerta de la redención. Óleo para los enfermos de todas las dolencias y edades en donde se pone a prueba la esperanza y el amor; óleo para los catecúmenos que aceptan comenzar y de todos aquellos que podemos comenzar de nuevo; óleo del crisma que nos vuelve a consagrar en la pertenencia a Aquél de quien nos hemos fiado, Aquel que nos creó, nos llamó, nos consagró y nos envía. La liturgia de la bendición de los Santos Óleos es un apretado relato del fruto del olivo como signo de la salvación. Todos nosotros somos destinatarios de este aceite de gracia con el que Dios acompaña en su Iglesia nuestra humilde realidad. En esa almazara de gracia se prensa el aceite que hace suave el camino que nos reconcilia con Dios y con los hermanos todos.

Los óleos que vamos a consagrar tienen que ver con tantos momentos importantes de la vida cristiana. Jesús nos ha recordado en el Evangelio que hemos escuchado lo que ya había preanunciado el profeta Isaías en la primera lectura. Que hay una buena noticia que se hace bálsamo cuando las heridas de tantos sangran por la falta de paz, de luz, de gracia. Esos óleos son los signos de un aceite que nos unge para fortalecer nuestra debilidad, para suavizar nuestras rigideces, para enlucir nuestra oscuridad.

La aflicción, los lutos y cenizas, el abatimiento se topan con un inmerecido encuentro de alguien que como Buena Noticia pone término a la ceguera del alma, y estrena la amnistía del cautiverio en las mazmorras del mal para abrirnos a la libertad de los hijos de Dios. Así lo escucharon llenos de estupor los que aquel día vieron a Jesús leer en la sinagoga de Nazaret el texto de Isaías. Nos dice san Lucas que todos quedaron fijos los ojos en Él. Concluye con aquel sorprendente: «Hoy se cumple esta Escritura que acabáis de oír». El adverbio «hoy» es un adverbio que significa que no vivimos de unas rentas pasadas que ya caducaron, sino de una nueva gracia que nunca se repite ni se agota cuando es Dios quien la pronuncia y la regala.

Algunos de nosotros hemos recibido vocacionalmente la misión de ser ministros de esa Buena Noticia, actualizando aquel eterno «hoy» en el momento de nuestra vida y en la vida de aquellos que nos han sido confiados. Si nuestro ministerio no suscita aquella sorpresa de cuantos fueron alcanzados por el «hoy» de Jesús, entonces seríamos simples funcionarios de una gracia y una palabra que no nos abraza a nosotros por más que la repartan nuestras manos o la prediquen nuestros labios. Por este motivo, en esta Misa Crismal, procedemos a la renovación sincera de nuestra vocación sacerdotal volviendo a decir nuestras promesas ministeriales en presencia de todo el pueblo santo de Dios. En nuestro camino ministerial no siempre contamos con la acogida, la entereza, la ternura incluso de nuestra entrega de la vida toda. Podemos sufrir cansancios, incomprensiones o soledad. Experimentar los acosos varios que nos vienen de afuera o la oscuridad malvada por dentro en los arrabales del alma. Contar siempre con la gracia de quien nos llamó y siempre será fiel, contar también con la cercanía amistosa de los hermanos del presbiterio con el obispo a la cabeza, y la ayuda de toda la comunidad en tiempos de incertidumbre y borrasca. Pueden darse tantos momentos en los que reservándonos para nosotros mismos egoístamente, sin más horizontes que nuestros propios intereses y enconos, abandonamos la escucha de Quien sigue llamándonos y el seguimiento real de quien nos ha constituido ministros de la esperanza, administradores de la gracia y servidores de la alegría de los hermanos. Cuando esto sucede, se introduce de modo inevitable la tristeza o la tensión ante lo que debemos dejar o tememos perder, y deja de sostenernos el gozo sereno de quien, habiéndose entregado al Señor en cada tramo de su edad, puede contar con paz de que Dios no se ha reído de él ni la Iglesia le ha usado y tirado anónimamente.

Pero hay tantos sacerdotes que de modo incluso heroico siguen al Señor en el ministerio, con las dificultades de la edad avanzada, o de la salud quebrada, o de la demasiada encomienda que supera no pocas veces las fuerzas. Unos por ser muy jóvenes casi misacantanos, otros por entrar en la edad madura sin botón de pausa, y otros por haber llegado a la edad dorada de la imparable ancianidad. Tantos que viven con toda la ilusión de saberse llamados por Jesucristo y acompañados por Él, haciendo de los años gastados en el servicio de la Iglesia un acopio de sabiduría y de paciencia sin que se cuele jamás el desencanto, el escepticismo o la hipocresía.

El Señor nos impuso sus manos. El significado de ese gesto lo explicó con las palabras: «Ya no os llamo siervos, porque el siervo no sabe lo que hace su amo; a vosotros os he llamado amigos, porque todo lo que he oído a mi Padre os lo he dado a conocer» (*Jn* 15,15). Ya no os llamo siervos, sino amigos: en estas palabras se podría ver incluso la institución del sacerdocio. El Señor nos hace sus amigos: nos encomienda todo; nos encomienda a sí mismo, de forma que podamos hablar con su «yo». Vivamos estos días del Triduo Pascual con la sencillez y veracidad de los santos. Es una gracia nueva que se nos concede en la encrucijada de nuestra vida, en esa edad que coincide con nuestros años y en esa coyuntura que coincide con nuestras circunstancias.

7
Cena de despedida en el primer Jueves Santo de la historia

Ciertamente no fue una cena cualquiera, una más de las muchas que hubieran compartido. Tampoco era una cena de empresa con motivo de unas fiestas convenidas. Se trataba de una cena para decirse cosas y para envolver conmovidamente aquella despedida que sólo el Maestro sabía de su desenlace, de su trama entre recuerdos apretados, traiciones que se venían, mientras mirando a los discípulos hablaba con el Padre de ellos y mirando al Padre testimoniaba el amor que a ellos les tenía. Leemos conmovidos ese relato:

«Antes de la fiesta de la Pascua, sabiendo Jesús que había llegado su hora de pasar de este mundo al Padre, habiendo amado a los suyos que estaban en el mundo, los amó hasta el extremo. Estaban cenando; ya el diablo había suscitado en el corazón de Judas, hijo de Simón Iscariote, la intención de entregarlo; y Jesús, sabiendo que el Padre había puesto todo en sus manos, que venía de Dios y a Dios volvía, se levanta de la cena, se quita el manto y, tomando una toalla, se la ciñe; luego echa agua en la jofaina y se pone a lavarles los pies a los discípulos, secándoselos con la toalla que se había ceñido. Llegó a Simón Pedro y este le dice: "Señor, ¿lavarme los pies tú a mí?". Jesús le replicó: "Lo que yo hago, tú no lo entiendes ahora, pero lo comprenderás más tarde". Pedro le dice: "No me lavarás los pies jamás". Jesús le contestó: "Si no te lavo, no tienes parte conmigo".

Simón Pedro le dice: "Señor, no solo los pies, sino también las manos y la cabeza". Jesús le dice: "Uno que se ha bañado no necesita lavarse más que los pies, porque todo él está limpio. También vosotros estáis limpios, aunque no todos". Porque sabía quién lo iba a entregar, por eso dijo: "No todos estáis limpios". Cuando acabó de lavarles los pies, tomó el manto, se lo puso otra vez y les dijo: "¿Comprendéis lo que he hecho con vosotros? Vosotros me llamáis 'el Maestro' y 'el Señor', y decís bien, porque lo soy. Pues si yo, el Maestro y el Señor, os he lavado los pies, también vosotros debéis lavaros los pies unos a otros: os he dado ejemplo para que lo que yo he hecho con vosotros, vosotros también lo hagáis. En verdad, en verdad os digo: el criado no es más que su amo, ni el enviado es más que el que lo envía. Puesto que sabéis esto, dichosos vosotros si lo ponéis en práctica. No lo digo por todos vosotros; yo sé bien a quiénes he elegido, pero tiene que cumplirse la Escritura: 'El que compartía mi pan me ha traicionado'. Os lo digo ahora, antes de que suceda, para que cuando suceda creáis que yo soy. En verdad, en verdad os digo: el que recibe a quien yo envíe me recibe a mí; y el que me recibe a mí recibe al que me ha enviado". Diciendo esto, Jesús se turbó en su espíritu y dio testimonio diciendo: 'En verdad, en verdad os digo: uno de vosotros me va a entregar'. Los discípulos se miraron unos a otros perplejos, por no saber de quién lo decía. Uno de ellos, el que Jesús amaba, estaba reclinado a la mesa en el seno de Jesús. Simón Pedro le hizo señas para que averiguase por quién lo decía. Entonces él, apoyándose en el pecho de Jesús, le preguntó: "Señor, ¿quién es?". Le contestó Jesús: "Aquel a quien yo le dé este trozo de pan untado". Y, untando el pan, se lo dio a Judas, hijo de Simón el Iscariote. Detrás del pan, entró en él Satanás. Entonces Jesús le dijo: "Lo que vas a hacer, hazlo pronto". Ninguno de los comensales entendió a qué se refería. Como Judas guardaba la bolsa, algunos suponían que Jesús le encargaba comprar lo necesario para la fiesta o dar algo a los pobres. Judas, después de tomar el pan, salió inmediatamente. Era de noche. Cuando salió, dijo Jesús: "Ahora es glorificado el Hijo del hombre, y Dios es glorificado en él. Si Dios es glorificado en él, también Dios lo glorificará en sí mismo: pronto lo glorificará. Hijitos, me queda poco de estar con vosotros"» (*Jn* 13,1-33).

Su discurso no fue un brindis. El homenaje no era lo que tocaba ni lo que consentía. Había que hacer memoria, verdadero memorándum recordatorio de aquellos tres años inolvidables para dejar constancia de tantas cosas vividas. Podemos imaginarnos cómo le miraban, cómo le escuchaban, cómo entre ellos se hacían gestos con los ojos, y muecas unos a otros, cada vez que el Maestro señalaba el amor que les profesaba y lo mucho que le iba a costar darles realmente la vida por amor al Padre que le envió.

Se agolpaban incesantemente todos aquellos tres años desde que por su nombre los llamó uno por uno y cada cual, en su andanza, en sus cuitas, en sus cotidianos quehaceres, en sus sueños y sus pesadillas. Hubo de todo en aquel grupo de doce discípulos especialmente cuidados, queridos y acompañados. No hubo error en la llamada, aunque sí que lo hubo diferenciadamente en las respuestas. ¡Cuántas palabras sin engaño les abrieron los ojos con horizontes inauditos! ¡Cuántos gestos verdaderos les tocó el corazón como quien es testigo de un milagro! Los silencios se hicieron elocuentes cuando Jesús callaba al igual que cuando hablaba a la gente. Las idas y venidas de aquí para allá expresaban la presencia bondadosa cuando fueron a Galilea y Judea, en los merodeos de la Decápolis y más allá de las fronteras.

Vieron ciegos a los que Jesús devolvió la mirada más asombrada. Vieron cojos a los que Él hizo saltar de alegría. Y hambrientos de tantos panes que entendieron que tenían hambre de esas palabras que sólo Jesús decía. Vieron llantos que fueron respetados con ternura y dulzura acariciando aquellas lágrimas: las de la viuda de Naím cuando iba a enterrar a su hijo único, las de Marta y María cuando murió por primera vez su hermano Lázaro, las del propio Jesús mirando a Jerusalén, las que todavía no había vertido Pedro junto a la fogata del patio antes de que cantara el gallo o las que lloró Magdalena a la puerta de un sepulcro vacío. Todos los llantos en el odre de su mirada.

Tres años de asomarse a la vida de otra manera a como estaban acostumbrados entre redes pescadoras y mostradores de recaudos; fueron años de entender que las cosas pueden ser abrazadas de otro modo, aunque no esté en nosotros poder cambiarlas, de aprender junto al único Maestro lo que vale la pena, distinguir lo que es un chantaje o un engaño manifiesto, lo que es una quimera que nos seduce para empujarnos a los caminos que Dios nunca frecuenta, o muy por el contrario abrirnos a la belleza sencilla de las cosas bondadosas que jamás nos hacen la envolvente artera y mendaz.

Así transcurrió entre manteles y recuerdos aquella cena postrera. Donde hubo algunos gestos de Jesús que marcaron el tono de la entrega. Sólo los siervos lavan los pies a sus señores. Y esto hizo el Señor con aquellos doce comensales invitados de balde. Pero Pedro se puso tenso, se puso tieso también y comprendió que el gesto era para él un exceso inaceptable, y como otras veces ocurriera, porfió y desafió bravucón a Jesús para que no hiciera aquello, como cuando intentó censurar que subiera a Jerusalén una vez que el Maestro anunció a qué subían y por qué. Entonces, una vez más, Jesús le dijo al viejo pescador que se apartara, que se pusiera detrás, que aceptara el gesto de lavatorio si quería tener parte con Él. Y toda la bravuconería airada se hizo mansa, y le pidió a Jesús que no sólo los pies, sino también las manos y la cabeza, en una ducha de confusión amorosa de quien vislumbraba ya la deriva de las cosas en aquel Maestro a quien sinceramente quería.

Aquellos pies de ellos, como los pies nuestros, que no siempre anduvieron prestos, ni ágiles, ni frecuentadores de los caminos ciertos por los que Dios mismo venía a nuestro encuentro. Pero aquellos pies así de ambiguos, de sucios, de polvorientos y cansinos, son los que Jesús el Maestro quiso lavar con sus manos, y secar con cuidado, como un modo hermoso e insólito de repetir lo mucho que nos había amado poniendo luego en ellos un beso rendido. ¿Quiénes son hoy los que tienen los pies gastados de tanto ir de aquí para allá, buscando una puerta de salida para sus agobios económicos, sus desgracias asoladas, sus lutos y fracasos? ¿Dónde están los pies peregrinos de tantos refugiados que van a la intemperie de todos los campos? Dios mismo se pone a lavarlos, Él que sabe de tantos caminos polvorientos, rotos y rasgados.

Confidencias y también encargos, porque en aquella cena Jesús les dijo a los suyos más suyos que no olvidaran nada, y que lo hicieran en su recuerdo como quien tomando un pan y partiéndolo les dio a comer su Cuerpo, y levantando una copa de vino les escanció su sangre redentora. Que lo hagáis en mi memoria, les dijo. Esa fue la primera Misa que Jesús celebró, Una Misa que empezó cuando se encarnó en nuestra humilde historia, y que fue celebrando de muchos modos a través de su paso entre nosotros haciéndonos tanto bien. En aquella cena eucarística tuvo lugar una liturgia de banquete unida a la liturgia del Calvario, donde entre cordero y hierbas amargas, les partió y repartió su vida, como poco a poco de modo intenso hizo en aquellos inolvidables tres años. Allí quedaron convocados a esa santa memoria viva, cada vez que repitieran el gesto de una entrega redentora como aquella que con ellos Jesús celebraba.

Quedó prendida su presencia en una Eucaristía santa para significar que su paso entre nosotros no fue un ademán fugitivo, sino una querencia que no se marchaba. Blanco como el pan tierno, rojo como el vino de solera, gozoso como una fiesta que no acaba, así fue su regalo eucarístico, fiel como un amor que no traiciona y discreto como un sagrario que se adora. Sí, el amor tiene esa dimensión fraterna, que nos desvela finalmente un Dios que se hizo hermano. Y así nos lo dijo, así nos lo dejó escrito de tantas maneras como estrofas de su canto más hermoso. Pero tuvo un lance que sólo se entiende si alguna vez se ha estado enamorado: que el amor verdadero no se aviene con la distancia que nos tiene lejos, con la caducidad que hace corto y mezquino el ensueño.

No quiso el Señor que su amor se hiciera compañero que no acompaña, o que se cansa aburrido, o que se hace tan extraño que termina siendo al final ajeno. Entonces nos hizo la multiplicación de su vida, la multiplicación más increíble y hermosa: mucho más que doce cestos de panes y peces, fue su corazón abierto y su entraña partida. Una amistad que se hace tierna como el pan que no se endurece ni termina, una alegría que se hace gozosa en el vino escanciado con generosa medida. Su Cuerpo y su Sangre se hicieron santa Eucaristía, humildes como el trigo y la uva, y silenciosos y discretos como un Sagrario con su luz candelaria siempre encendida para invitarnos a la gratitud y a la visita.

Jueves Santo, de amores fraternos, de memorias recordadas, de sacerdocio compartido, de Eucaristía renovada. Jueves Santo es un día para contemplar el amor extremo de Jesús, amor que lava los pies cansados y manchados, amor que se hace Pan de memorial que nos reparte como Sacerdote entregado, que con amor de hermano nos llama a algunos a seguirle ministerialmente sirviendo a los hermanos. Todo eso recordamos esta tarde al hilo de lo que significa amar con un amor como el de Cristo. Que su santa Eucaristía venerada tiene una prolongación en la carne de los pobres, como presencia de Cristo bienamada, y así el Jueves Santo como el día del Corpus Christi, nos presentan los dos amores tan distintos como inseparables: amar a Jesús en el hermano, amar al hermano por Jesús. Adoremos al Señor. *Adoro Te devote*, Cristo sacramentado.

8
La hora del amor extremo.
Un Viernes Santo apasionado

Al llegar cada Viernes Santo, cambia la procesión de entrada. Se entra en silencio. Está desnudo el altar, sin adornos. No hay flores que lo dulcifiquen ni cirios que lo alumbren. El obispo viene sin mitra, sin báculo y sin anillo. Todo es tan sobrio que parece una celebración de exequias donde se va a lo esencial sin filigranas ni apoyos, como si fueran las del mismo Cristo, por así decir. Hoy tampoco tañen las campanas en el funeral más solemne de la historia. El Viernes Santo es el único día del año en el que no hay misa. Es el día más oscuro con un sol eclipsado a la hora de nona. Jesús remata su amor por mí dando su vida de veras. Hacemos un oficio litúrgico que lleva por título la Pasión del Señor: este es hoy el oficio. Porque fue tal que hoy cuando tuvo lugar el drama de Jesús con su entrega que nos salvó. Hay que escucharla arrodillando el corazón, porque en ese relato se habla de cada uno de nosotros, detrás de esa trama también estaba yo. Deberíamos reconocernos en qué personaje hoy se encuentra mi vida, porque cualquiera de ellos, a excepción de Jesús, puedo ser yo mismo en mi circunstancia y con mi edad. Es el proceso a Jesús que termina en el patíbulo del Calvario. Vale la pena recorrer con Él ese *viacrucis*:

«Y levantándose toda la asamblea, lo llevaron a presencia de Pilato. Y se pusieron a acusarlo diciendo: "Hemos encontrado que este anda amotinando a nuestra nación, y oponiéndose a que se paguen tributos al César, y diciendo que él es el Mesías rey". Pilato le preguntó: "¿Eres tú el rey de los judíos?". Él le responde: "Tú lo dices". Pilato dijo a los sumos sacerdotes y a la gente: "No encuentro ninguna culpa en este hombre". Pero ellos insistían con más fuerza, diciendo: "Solivianta al pueblo enseñando por toda Judea, desde que comenzó en Galilea hasta llegar aquí". Pilato, al oírlo, preguntó si el hombre era galileo; y, al enterarse de que era de la jurisdicción de Herodes, que estaba precisamente en Jerusalén por aquellos días, se lo remitió. Herodes, al ver a Jesús, se puso muy contento, pues hacía bastante tiempo que deseaba verlo, porque oía hablar de él y esperaba verle hacer algún milagro. Le hacía muchas preguntas con abundante verborrea; pero él no le contestó nada. Estaban allí los sumos sacerdotes y los escribas acusándolo con ahínco. Herodes, con sus soldados, lo trató con desprecio y, después de burlarse de él, poniéndole una vestidura blanca, se lo remitió a Pilato. Aquel mismo día se hicieron amigos entre sí Herodes y Pilato, porque antes estaban enemistados entre sí. Pilato, después de convocar a los sumos sacerdotes, a los magistrados y al pueblo, les dijo: "Me habéis traído a este hombre como agitador del pueblo; y resulta que yo lo he interrogado delante de vosotros y no he encontrado en este hombre ninguna de las culpas de que lo acusáis; pero tampoco Herodes, porque nos lo ha devuelto: ya veis que no ha hecho nada digno de muerte. Así que le daré un escarmiento y lo soltaré". ["Por la fiesta tenía que soltarle a uno"] Ellos vociferaron en masa: "¡Quita de en medio a ese! Suéltanos a Barrabás". Este había sido metido en la cárcel por una revuelta acaecida en la ciudad y un homicidio. Pilato volvió a dirigirles la palabra queriendo soltar a Jesús, pero ellos seguían gritando: "¡Crucifícalo, crucifícalo!". Por tercera vez les dijo: "Pues ¿qué mal ha hecho este? No he encontrado en él ninguna culpa que merezca la muerte. Así que le daré un escarmiento y lo soltaré". Pero ellos se le echaban encima, pidiendo a gritos que lo crucificara; e iba creciendo su griterío. Pilato entonces sentenció que se realizara lo que pedían: soltó al que le reclamaban (al que había metido en la cárcel por revuelta y homicidio), y a Jesús se lo entregó a su voluntad. Mientras lo conducían, echaron mano de un cierto Simón de Cirene, que volvía del campo, y le cargaron la cruz, para que la llevase detrás de Jesús. Lo seguía un gran gentío del pueblo, y de mujeres que se golpeaban el pecho y lanzaban lamentos por él. Jesús se volvió hacia ellas y les dijo: "Hijas de Jerusalén, no lloréis por mí, llorad por vosotras y por vuestros hijos, porque mirad que vienen días en los que dirán: 'Bienaventuradas las estériles y los vientres que no han dado a luz y los pechos que no han criado'. Entonces empezarán a decirles a los montes: 'Caed sobre nosotros', y a las colinas: 'Cubridnos'; porque, si esto hacen con el leño verde, ¿qué harán con el seco?". Conducían también a otros dos malhechores para ajusticiarlos con él. Y cuando llegaron al lugar llamado "La Calavera", lo crucificaron allí, a él y a los malhechores, uno a la derecha y otro a la izquierda. Jesús decía: "Padre, perdónalos, porque no saben lo que hacen". Hicieron lotes con sus ropas y los echaron a suerte. El pueblo estaba mirando, pero los magistrados le hacían muecas diciendo: "A otros ha salvado; que se salve a sí mismo, si él es el Mesías de Dios, el Elegido". Se burlaban de él también los soldados, que se acercaban y le ofrecían vinagre, diciendo: "Si eres tú el rey de los judíos, sálvate a ti mismo". Había también por encima de él un letrero: "Este es el rey de los judíos". Uno de los malhechores crucificados lo insultaba diciendo: "¿No eres tú el Mesías? Sálvate a ti mismo y a nosotros". Pero el otro, respondiéndole e increpándolo, le decía: "¿Ni siquiera temes tú a Dios, estando en la misma condena? Nosotros, en verdad, lo estamos justamente, porque recibimos el justo pago de lo que hicimos; en cambio, este no ha hecho nada malo". Y decía: "Jesús, acuérdate de mí cuando llegues a tu reino". Jesús le dijo: "En verdad te digo: hoy estarás conmigo en el paraíso". Era ya como la hora sexta, y vinieron las tinieblas sobre toda la tierra, hasta la hora nona, porque se oscureció el sol. El velo del templo se rasgó por medio. Y Jesús, clamando con voz potente, dijo: "Padre, a tus manos encomiendo mi espíritu". Y, dicho esto, expiró. El centurión, al ver lo ocurrido, daba gloria a Dios diciendo: "Realmente, este hombre era justo"» (*Lc* 23,1-47).

JESÚS, CAMINO Y CAMINANTE

Ayer, en el primer Jueves Santo, Cristo cenaba por última vez con sus discípulos. Pero terminó con un exabrupto extraño: el que moja el pan en tu mismo plato, al que invitas a no demorar el trato de su más cobarde maltrato, es quien horas después dejará de ser discípulo para siempre porque enloquecido él así lo decidió. Se fue a buscar a sus compradores que malpagaron con treinta monedas lo que no tenía precio. Lo que compraron era infinito en su valor eterno: Jesús el Nazareno. Vinieron con palos, con espadas y soldadesca, y a la luz de unas antorchas vieron la firma del vendedor: un beso fue la rúbrica, un beso que jamás significó menos amor en su cínica mentira y en tan grosera manera. Sabemos que Judas acabó mal: sin su pobre botín, sin su querido amigo y Maestro, sin perdonarse a sí mismo su vida cuando desesperado se suicidó.

Judas es la triste deriva de haber oído tantas cosas a Jesús sin haber escuchado nada. De haber mirado tantos signos y milagros, sin haber visto tampoco nada. Él sólo se escuchaba a sí mismo, y sólo a sí mismo se contemplaba. Sus pretensiones, sus batallas, sus frustraciones una tras otra rendidas, sus quemazones que le consumían sin haber ardido jamás en su pobre vida revolucionaria. Si de Dimas el buen ladrón sabemos que gozó de la primera canonización de la historia entrando ya en el Paraíso aquella misma tarde del primer Viernes Santo, no sabemos si Judas fue la primera condenación en el temido infierno eterno, mientras como badajo sin campana pendía de aquel árbol maldito en el que se ahorcó.

Aquel huerto en el olivar cercano, sabía de secretos. En aquella ocasión el olivar se hizo almazara donde prensar un dolor inaudito, insólito, inmerecido donde los haya. Getsemaní fue testigo de un grito contenido que rompió los capilares haciendo brotar sangre bendita por todos los poros de un cuerpo en trance de entrega.

Luego vino la frenética noche que no tuvo horas de aquí para allá. La ceca y la meca fueron allí ir de Anás a Caifás y de Caifás a Pilatos. Como si fuera un botarate al albur de falsos sabios, a Jesús lo zarandearon para intentar condenar al inocente santo. Y tiraron de todo: de interrogatorios absurdos y tribunales amañados, de guardianes chulescos y de testigos falsos. El populacho no sabía lo que hacía tampoco ahora cuando gritaba desaforado la muerte crucificada a quien muchos aclamaban días antes con vivas y hosannas. Y escogieron la permuta más increíble de cambiar a Cristo por Barrabás, un conocido y vulgar terrorista. Así comenzó la sentencia que el miedo hizo inapelable en la cobardía de Pilatos, dando paso al escarnio de azotes, insultos y salivazos. El Enlosado fue el punto de partida en un viacrucis de crudeza fiera y desalmada en medio de los zocos de mercaderías, de aquellas calles y plazas por donde paseaba a diario lo mejor y lo peor de la vida en la vía Dolorosa más cotidiana.

Pero en aquel viacrucis, ¿cuántas fueron las estaciones? Acordamos piadosamente que fueran catorce cuadros como si fueran las escenas de un recorrido macabro. Más, infinitamente más, son las que se deben computar en la cuenta del «Amor no amado» (San Francisco). Tantas, cuantos rostros de hombres y mujeres, de niños y ancianos, de sanos y enfermos, de ricos y pobres, en los que el rostro ensangrentado de Jesús se ha venido actualizando a través de la historia con tantos nombres aparentemente anónimos que sólo Dios conoce bien: tuve hambre, tuve sed, estuve desnudo, en la cárcel, enfermo... y lo que hicisteis con mis hermanos más pequeños, conmigo lo hicisteis, nos dijo Jesús como recuerda el evangelio de Mateo (cf. *Mt* 25). Catorce estaciones, y muchas más: cada asesinato y cada violencia, cada guerra absurda como lo son todas, cada robo y corrupción, cada mentira disfrazada y cada calculada engañifa, cada soledad incomprendida, cada desprecio orquestado, cada tristeza insalvable y deprimida, cada agonía solitaria.

Y ante todas ellas las distintas miradas y actitudes entonces como siempre: ojos abiertos y curiosos, ojos cerrados y cansados. Corazones capaces de darlo todo o incapaces de hacer algo. Manos ofrecidas sin descanso o reservadas con egoísmo insolidario. Esperanzas cumplidas o desencantos despiadados. Desalientos frustrados y audacias redivivas que no se cansan nunca de estar siempre empezando... ¡Cuántos cuadros! ¡Cuántas estaciones... en el viacrucis de la vida, en la vía dolorosa de Cristo y sus hermanos! El Viernes Santo es un día sobrio, casi taciturno y callado. No hay campanas ni glorias, como si un velo enlutado condicionase cada instante, cada latido, cada ensueño, cada rincón de este mundo inacabado que no acierta a dejar nacer la ciudad de Dios que Él eternamente dibujó para enamorarnos. Que la creación gime dolores de parto, como nos dice Pablo en la carta a los Romanos (*Rom* 8,22-39), y no sabe nacer la historia bondadosa y bella que Dios quiso poner en nuestras manos tan volubles e inciertas.

En este día nos asomamos a un relato, acaso demasiadas veces ya tan leído que ha dejado ya de conmover mis entrañas como quien escucha una trama conocida sin ningún sobresalto, sabiendo sabihondos cuál es el inicio, los pasos intermedios y el ocaso. Un relato que sólo se puede comprender de veras cuando, como han hecho los santos, nos atrevemos a leerlo biográficamente: porque hay siempre un «por mí» en ese drama que fue para Jesús una tragedia prestada. Todo aquello fue por mí, con mi nombre, con mis años, con mis trampas, con mis miedos, con mis gracias y pecados. Yo fui para Él la razón de aquellos catorce cuadros en los que fui su recorrido y su estación de llegada.

Ahí estaban sin censura ni adornos, todas las etapas de mi vida y todos mis pecados. Es el «por mí» de mi vida que tiene la edad de mis años y el domicilio de mis circunstancias. Ahí Cristo se cruza en el aquí y el ahora de mi momento y me reclama una actitud en el reparto: si soy un curioso indiferente que ve pasar la procesión con sus pasos, si soy fugazmente tocado hasta conmoverme sólo un poco y sólo a ratos, si soy una verónica que enjuga el rostro por mí ensangrentado, si soy un cirineo que ayuda a cargar la cruz que era más mía aliviando los hombros del Señor flagelado, si soy de los que sólo de lejos sabe estas cosas, que desaparece anónimamente mezclado para que no me señalen como cristiano, si escurro el bulto sin ser notado en mi quiero y no puedo, en mi sí pero no, no vaya a ser que me digan que soy del Nazareno como le dijeron a Pedro. Pero también en el reparto estaban María y Juan. Sólo ellos quedaron al pie de la cruz oyendo las Siete palabras. Hemos de escucharlas en silencio. No cantemos el aleluya antes de tiempo sin haber comprendido y agradecido antes lo que Cristo hizo por mí: pago de amor por mi salvación con infinitas monedas. *Requiescat in pace*... Dios.

9
El camino de quien nos acompañó.
Un viacrucis que era nuestro

Lo tengo grabado a fuego en mi remembranza. Fue en Tierra Santa. Lugares que guardan las pisadas santas del Señor, de María y de los primeros cristianos, también de cuantos a través de los siglos hemos peregrinado hasta esa geografía tan especialmente henchida de una historia a la que pertenecemos. Un día íbamos a recorrer la «Vía Dolorosa». Eran las 11 de la mañana, una hora tardía para lo que queríamos empezar por estar ya muy frecuentada esa subida. Estábamos conmovidos por saber qué calle era, y quién la recorrió hacía dos mil años cargando una cruz totalmente ajena, por causa de unos pecados más ajenos todavía. Efectivamente, «Vía Dolorosa» ponían los carteles que se adentraban en unas intrincadas calles de un zoco cualquiera donde se vende y se compra de casi todo.

De pronto, vi unos chavales que traían, como se traen unos paraguas tras las primeras gotas, cruces de varios tamaños, manoseadas por la frivolidad turística que consume lo que sea. Se ofrecían a un precio de alquiler totalmente módico: Padre, un dólar. Alquilar una cruz para hacer el viacrucis con semejante trofeo sin privarnos de nada. He pensado en esa escena muchas veces después. Porque hay otro viacrucis que no tiene por domicilio Jerusalén, sino donde cada uno habita con sus bajadas y subidas. Y es que la cruz que se nos carga en los hombros no es necesariamente de madera, sino la que nos toca abrazar a cada cual. Esa cruz cotidiana no se alquila ni por un dólar ni por más: resulta escandalosamente gratuita, aunque paguemos tan alto precio. Quizás en la Vía Dolorosa de Jerusalén sea obligado rechazar una cruz burlesca de madera con alquiler de quita y pon. Pero en el viacrucis de la vida la cruz es tan propia, que tiene el nombre, edad y el domicilio de cada uno de nosotros.

Si toda la vida del Señor Jesucristo fue una desmedida donación «en obras y palabras» (*Lc* 24,19), al llegar el final de su andadura terrestre, quiso extremar su amor hacia nosotros: «Antes de la fiesta de la Pascua, sabiendo Jesús que había llegado su hora de pasar de este mundo al Padre, habiendo amado a los suyos que estaban en el mundo, los amó hasta el extremo» (*Jn* 13,1). Queremos recorrer este camino de amor extremado hasta la locura de entrega en una muerte en cruz (*Filp* 2,8). Quiera el Señor concedernos el don del estremecimiento ante tan estremecida forma de amarnos que Él escogió para así responder a la indiferencia, al desprecio y a la ingratitud de su criatura más mimada y privilegiada: el hombre y la mujer, que tan fácilmente perdemos ese regalo de haber sido creados a imagen y semejanza de quien nos creó.

Una de las tragedias del hombre contemporáneo es la soledad tremenda en la que, de hecho, vive en lo hondo de su corazón. En este mundo hiperconectado se da esa contradicción: el aislamiento más terrible que jamás se haya experimentado. No en vano la estadística de suicidios es alarmante, aunque sean las cifras mejor guardadas y sus franjas de edad las más ocultadas. La soledad incluso en medio de gente que se te pega por un simple o un complicado interés, como si pareciese que en tanto pueda interesar mi haber, mi voto, mi aplauso o mi docilidad domesticable por el poder de turno de los mandamases sin alma, en esa medida tendré gente «incondicional» que me vestirá con su bandera, o hará de la mía su mejor gala de trapío haciendo su egoísta paripé.

No obstante, hay que tener mucho amor, de ese que no sabe de cálculos, ni de precios, ni de intereses bastardos, para romper la soledad de alguien que en nuestro camino se entrecruza por un momento o para siempre, y mirar su vida, y quererla, y abrazarla hasta el final, con todas las consecuencias. Este mucho amor es el que Dios ha tenido con cada uno de nosotros, tomando en serio nuestra felicidad, como nadie y hasta siempre jamás. Él no ha puesto condiciones previas para dársenos hasta la «divina locura». Y Él ha respetado de antemano nuestra libertad, aunque la usásemos para responder a su entrega, blandiendo torpemente el arma del olvido o de la hostilidad. Y Él perdonará siempre, cada vez que siempre hagamos, lo que no siempre sabemos: «Padre, perdónalos, porque no saben lo que hacen» (*Lc* 23,34).

El amor y el dolor, el amor que engendra vida y el que por amar está dispuesto a perderla. Así ha sido el amor de Dios Amor. Y este drama de amor, no ha quedado como gesta añeja de un bonito pasado...muy pasado ya, sino que Él vuelve a amar, y vuelve a arriesgar su piel misma, su vida por entero sin poner rémora ni condiciones alguna; y por abrazar nuestra vida y nuestra soledad, de nuevo este Dios será interrogado, y torturado, y conculcado en sus derechos, y mal-juzgado, y condenado, y matado... No, no es una historia cruel de un ayer de dos mil años. La Pasión de Dios es tan actual como la de cada uno de nosotros, y de tantos de nuestros pueblos, de toda la humanidad, porque la pasión suya se prolonga en la nuestra. La Pasión de Dios gime hoy hasta la muerte en el hambre, en la injusticia, en el terror, en los sin-sentidos absurdos, en las violencias indignantes de tan diversos terrores, en la pena negra de todos los parias juntos.

Vamos a recorrer las catorce estaciones del Vía Crucis, catorce escenas en las que se desarrolla un drama de amor desmedido. Utilizaremos el hermoso esquema que el papa san Juan Pablo II introdujo el Viernes Santo de 1991, en el que las estaciones responden ajustadamente al relato de los Evangelios. Tras la lectura evangélica, haremos una breve reflexión motivadora de la escena que ahí estamos contemplando, para finalizar con una sencilla oración recogiendo en una petición humilde lo que le rogamos al Señor.

1.ª Estación

Jesús en el Huerto de Getsemaní

«Salió y se encaminó, como de costumbre, al monte de los Olivos, y lo siguieron los discípulos. Al llegar al sitio, les dijo: "Orad, para no caer en tentación". Y se apartó de ellos como a un tiro de piedra y, arrodillado, oraba diciendo: "Padre, si quieres, aparta de mí este cáliz; pero que no se haga mi voluntad, sino la tuya". Y se le apareció un ángel del cielo, que lo confortaba. En medio de su angustia, oraba con más intensidad. Y le entró un sudor que caía hasta el suelo como si fueran gotas espesas de sangre. Y, levantándose de la oración, fue hacia sus discípulos, los encontró dormidos por la tristeza, y les dijo: "¿Por qué dormís? Levantaos y orad, para no caer en tentación"» (*Lc* 22,39-46).

La hora que otras veces impidió que prendieran al Señor, o que le despeñaran, ahora había llegado como las campanadas que convocan el momento de un amor extremo. Quedan atrás tantos momentos, tantos encuentros, tantas palabras dichas y tantos milagros regalados. Estamos en la hora del momento culminante. Era la antesala inevitable de la gran decisión, una hora interminable de lo mucho que ella se concentraba. Toda su humanidad, toda su libertad humana, en el trance de experimentar con todo su realismo qué significa dar la vida, de verdad. Allí Dios, empeñaba toda su palabra. No bastó lo mucho que hizo y habló. Había que mostrar en una postrera y cruel lección que «nadie tiene más amor que el que da la vida por sus amigos» (*Jn* 15,13). Y esta era la gran prueba desmedida de su Amor sin medida. O como decía San Francisco, «el Amor no amado».

Tú solo, Señor, solo entre el cielo y la tierra, solo junto a quienes ignorantes y abrumados se caían de sueño, solo junto a quienes cegados y manipulados te buscaban como a un malhechor. Tú ante el Padre, en el diálogo más difícil y humano, hasta sudar sangre, tu sangre de Dios. La palabra final fue aquella que hizo los cielos y la tierra; aquella que en labios de tu Madre te acampó en nuestro suelo: hágase, fiat. Huerto de oración filial, huerto de besos mentirosos, huerto de cansancio somnoliento. Huerto en el que abrir el primer triduo pascual. Pero ¿dónde estoy yo en aquel huerto? ¿Duermo como hicieron Pedro, Santiago y Juan, o te busco como a un bandido como hizo el mismo Judas? Tú, sudando sangre bendita, eras consolado por un ángel de Dios.

2.ª Estación

Jesús, traicionado por Judas, es arrestado

«Todavía estaba hablando, cuando apareció Judas, uno de los Doce, acompañado de un tropel de gente, con espadas y palos, enviado por los sumos sacerdotes y los ancianos del pueblo. El traidor les había dado esta contraseña: "Al que yo bese, ese es: prendedlo". Después se acercó a Jesús y le dijo: "¡Salve, Maestro!". Y lo besó. Pero Jesús le contestó: "Amigo, ¿a qué vienes?". Entonces se acercaron a Jesús y le echaron mano y lo prendieron. Uno de los que estaban con él agarró la espada, la desenvainó y de un tajo le cortó la oreja al criado del sumo sacerdote. Jesús le dijo: "Envaina la espada: que todos los que empuñan espada, a espada morirán. ¿Piensas tú que no puedo acudir a mi Padre? Él me mandaría enseguida más de doce legiones de ángeles. ¿Cómo se cumplirían entonces las Escrituras que dicen que esto tiene que pasar?". Entonces dijo Jesús a la gente: "¿Habéis salido a prenderme con espadas y palos como si fuera un bandido? A diario me sentaba en el templo a enseñar y, sin embargo, no me prendisteis. Pero todo esto ha sucedido para que se cumplieran las Escrituras de los profetas"» (*Mt* 26,47-56).

Nunca un beso manchó tanto el amor y lo contradijo, como ese de Judas. Nunca un beso escenificó tanto el engaño, como el que dieron los labios de Judas en medio de la penumbra. Este discípulo, acaso fue el más inteligente y el que antes comprendió la verdadera razón de todo cuanto el Maestro hacía u omitía, decía o silenciaba. Esta fue la razón que le movió al despego de aquel que admiró como Maestro. Por eso se desengañó quizás el primero de un Mesías que estaba dispuesto a vivir y a morir entre los hombres por una única causa: la gloria de su Padre Dios y la salvación de sus hermanos. No era el programa de Judas, ni del grupo de su referencia. Todo lo demás, ya fuera político, civil o religioso era valorado desde este criterio absoluto. Judas no aguantó que su Maestro no se plegase a sus pretensiones más o menos guerrilleras de expulsar al romano invasor. Este apóstol decidió entregar a quien vino a salvarle. No deja de ser el drama de la historia humana que así ha tratado a su Señor.

Qué fácil es, Señor, querer uniformarte con nuestros emblemas y estandartes, qué manía tan repetitiva y cansina de empeñarnos en tenerte de aliado en todas nuestras guerras caseras, locales y mundiales. Cómo usamos tu Nombre tantas veces en vano. También hoy tantos te invocan, y te piden bendición, para hacerte cómplice amiguete y mecenas pagador de sus graves pretensiones sobre Ti y sobre la historia. Antes o después, acabamos descubriendo que no te dejas domesticar, y entonces ensayamos el beso traicionero para matarte en el paredón piadoso de todos nuestros olvidos, escándalos y lamentos. Danos la gracia de entender lo que nos trajiste sin querer controlarte.

3.ª Estación
Jesús es condenado por el Sanedrín

«Los que prendieron a Jesús lo condujeron a casa de Caifás, el sumo sacerdote, donde se habían reunido los escribas y los ancianos. Pedro lo seguía de lejos hasta el palacio del sumo sacerdote y, entrando dentro, se sentó con los criados para ver cómo terminaba aquello. Los sumos sacerdotes y el Sanedrín en pleno buscaban un falso testimonio contra Jesús para condenarlo a muerte y no lo encontraban, a pesar de los muchos falsos testigos que comparecían. Finalmente, comparecieron dos que declararon: "Este ha dicho: 'Puedo destruir el templo de Dios y reconstruirlo en tres días'". El sumo sacerdote se puso en pie y le dijo: "¿No tienes nada que responder? ¿Qué son estos cargos que presentan contra ti?". Pero Jesús callaba. Y el sumo sacerdote le dijo: "Te conjuro por el Dios vivo a que nos digas si tú eres el Mesías, el Hijo de Dios". Jesús le respondió: "Tú lo has dicho. Más aún, yo os digo: desde ahora veréis al Hijo del hombre sentado a la derecha del Poder y que viene sobre las nubes del cielo". Entonces el sumo sacerdote rasgó sus vestiduras diciendo: "Ha blasfemado. ¿Qué necesidad tenemos ya de testigos? Acabáis de oír la blasfemia. ¿Qué decidís?". Y ellos contestaron: "Es reo de muerte". Entonces le escupieron a la cara y lo abofetearon; otros lo golpearon diciendo: "Haz de profeta, Mesías; dinos quién te ha pegado"» (*Mt* 26,57-68).

Hacía tiempo que buscaban a Jesús, y fue larga y meditada la insidia de su captura en una interminable redada. Sabemos de sus intentonas, y de cómo les falló el lapidarlo aquel día, o el despeñarlo en otra ocasión, pero iban tomando nota de cada palabra, de cada parábola, de cada signo milagroso que llenaba de misericordia las vidas rotas. No había modo de deshacerse de Él. Su luz molestaba todas sus zonas oscuras, esas que Él iluminaba simplemente con su paso, sin pelearse con ellas. Su verdad ponía en evidencia tanta mentira disfrazada. Su amor revolvía y revolcaba tanta hipocresía oficial y tanto egoísmo oficioso. Era preciso reaccionar y no bastaba declararle «persona non grata», ni extraditarlo al cielo, ni fingir que no pasaba nada. Había que borrarlo, machacarlo, y organizar finalmente un apresamiento eficaz. Sólo faltaba un proceso judicial para maquillar de inocencia falsa y de equidad bastarda todas sus maquinaciones ahítas de culpabilidad. Y entonces sentenciaron sin dudarlo: eres reo impresentable, eres reo de muerte. Y ese fue el veredicto: te vamos a matar.

Señor, pienso tantas veces si acaso también yo me erijo en juez y por mi tribunal pasan a diario todos mis «presuntos» rivales, adversarios y enemigos a los que condeno sin cuartel, por un delito torpemente común que nos diferencia: no ver, no pensar, no hablar, no actuar, no vivir... como lo hago yo. Y yo, sin estar libre de pecado, no dejo de tirar piedras a mis hermanos desde mi particular juzgado donde jamás me quito la toga, y cuando así hago, en ellos te alcanzo y te hiero a Ti, porque en sus heridas siguen las tuyas sangrando. Perdona mis juicios y condenas, sin piedad ni intervalos.

4.ª Estación
Jesús es negado por Pedro

«Pedro estaba sentado fuera en el patio y se le acercó una criada y le dijo: "También tú estabas con Jesús el Galileo". Él lo negó delante de todos diciendo: "No sé qué quieres decir". Y al salir al portal lo vio otra y dijo a los que estaban allí: "Este estaba con Jesús el Nazareno". Otra vez negó él con juramento: "No conozco a ese hombre". Poco después se acercaron los que estaban allí y dijeron a Pedro: "Seguro; tú también eres de ellos, tu acento te delata". Entonces él se puso a echar maldiciones y a jurar diciendo: "No conozco a ese hombre". Y enseguida cantó un gallo. Pedro se acordó de aquellas palabras de Jesús: "Antes de que cante el gallo me negarás tres veces". Y saliendo afuera, lloró amargamente» (*Mt* 26,69-75).

Todos los discípulos quedaron sorprendidos y dispersados tras la fatal redada. Pero Pedro fue el que más lejos llegó buscando al Maestro en medio de aquella tremenda desbandada. No obstante, a su manera, también Pedro entregó a Jesús, a pesar de su intento espadachín que le costó la oreja a Malco. Su beso traicionero distinto al de Judas, tuvo forma de negación: «no le conozco». Queda atrás el Pedro que hablaba según el Padre le sugería (*Mt* 16,26-27), el Pedro que estaba dispuesto a seguir a Jesús hasta donde hiciera falta (*Jn* 14, 31), el Pedro de las intimidades transfiguradas (*Lc* 9, 28-36), el Pedro valentón que corta orejas al que con malas intenciones viene a su Maestro (*Jn* 18,10). Ahora Cefas ha vuelto a ser un vulgar Simón, porque ya no es piedra ni para sostenerse a sí mismo. Y, sin embargo, a la postre, todo ha sido una impresionante lección ya anunciada por su Señor: «Antes de que el gallo cante dos veces, tú me habrás negado tres» (*Mc* 14,30).

Efectivamente, Señor, esta es la contradicción nuestra de cada día. Somos sinceros cuando hablamos contigo, y queremos amarte de verdad. Pero también somos nosotros cuando asustados por tantos qué dirán, maquillamos nuestra fe, nuestra identidad cristiana, por lo que pueda pasar para escabullirnos de tantos modos: «no le conocemos» también nosotros decimos sin dudar, queriendo convencernos de lo que decimos con los labios frívolos y que niega nuestro corazón acobardado. Y como Pedro, en torno a la fogata común de cualquier patio de este mundo, oímos el gallo y rompemos a llorar. Las lágrimas que nos reconcilian con nuestra pequeñez y nos preparan para acoger humildemente tu don. El canto de ese llanto es nuestra pobre estrofa que nos abre mendicantes a la ulterior conversión.

5.ª Estación
Jesús es juzgado por Pilato

«Y levantándose toda la asamblea, lo llevaron a presencia de Pilato. Y se pusieron a acusarlo diciendo: "Hemos encontrado que este anda amotinando a nuestra nación, y oponiéndose a que se paguen tributos al César, y diciendo que él es el Mesías rey". Pilato le preguntó: "¿Eres tú el rey de los judíos?". Él le responde: "Tú lo dices". Pilato dijo a los sumos sacerdotes y a la gente: "No encuentro ninguna culpa en este hombre". Pero ellos insistían con más fuerza, diciendo: "Solivianta al pueblo enseñando por toda Judea, desde que comenzó en Galilea hasta llegar aquí". Pilato, al oírlo, preguntó si el hombre era galileo» (*Lc* 23,1-6).

No fue un tribunal cualquiera. Ante aquel sumario juicio amañado que hiciera el Sanedrín, ahora tocaba el turno a Pilato. Para lo cual los Sumos Sacerdotes tuvieron que «politizar» el caso de Jesús: solivianta al pueblo, se presenta como rey, conspira contra el César... estos eran los cargos. Pilato lograba ver entre líneas tanto la inocencia de Jesús como el interés sospechoso de sus acusadores. Y trató de impedir la condena de Jesús despistando con soltar a Barrabás en vez de a Jesús: una treta tan burda como ineficaz. Por eso sopesó el riesgo de la defensa de una causa tan perdida saliendo defensor de Jesús. Lo que le puso nervioso fue esa manera de urdir por parte de las autoridades religiosas de Israel la politización de Jesús, el hacer de Él una causa de Estado; y ante el temor de acusación al César de haber encubierto a un insidioso, prefirió lavarse las manos y remitirlo a Herodes, por ser de su jurisdicción. Posiblemente Pilato intuyó la inocencia de Jesús, y hasta trató de salvarlo sinceramente. Estaba dispuesto a hacer un favor al Señor, pero no poniendo en peligro su reputación, su carrera política, su poltrona... Hay neutralidades que son elegantes maneras de condenar, cuando escurrimos el bulto dejando caer a quien vino a sostenernos con el precio de su misma vida.

Señor, cómo es fácil engañarse y salir por la tangente de una manera airosa tan falsamente. Pienso en todos nuestros enjuagues convencionales, en todos nuestros «favores» a ti y a los desheredados, en la trastienda privada, con tal de que no trascienda en lo público y notorio. No basta no condenarte, Señor, porque la asepsia neutral, es un modo de no confesarte y de no salvarte que termina siempre en piadosa condenación. Es un modo de juzgarte mal lavándonos las manos en el agua cobarde de la indiferencia como hizo Pilato en la jofaina de su interés.

6.ª Estación
Jesús es flagelado y coronado de espinas

Entonces Pilato tomó a Jesús y lo mandó azotar. Y los soldados trenzaron una corona de espinas, se la pusieron en la cabeza y le echaron por encima un manto color púrpura; y, acercándose a él, le decían: «¡Salve, rey de los judíos!». Y le daban bofetadas (*Jn* 19,1-3).

Aquel gobernador intentó lo imposible. Cuando le salió mal lo de Barrabás, propuso algo terrible: por dar muestra de firmeza ante una muchedumbre amenazadora, o por provocar lástima a un pueblo cruelmente eufórico, Pilato dio la orden de azotar a Jesús. Y como si de un cruel carnaval se tratase, disfrazaron a Jesús de rey-pelele: túnica, cetro y corona... al sarcástico modo, ridiculizando, sin saberlo, el corazón de la enseñanza de Jesús: el Reino. Definitivamente, en aquella noche nadie sabía lo que hacía como dirá luego Jesús en la cruz. Un proceso condenatorio que estaba manchado por la mentira de falsos testigos, por el odio de quienes sólo querían matarlo, por la cobardía de quienes no quisieron complicarse, por el miedo de los suyos que huyeron asustados, por la pantomima de quienes hacen fruslería de un camino que lleva a la muerte. ¿No es terrible que ante el drama de Jesús y ante los dramas de tantos otros en los que Él sufre y muere... tantas veces respondamos frívolamente, haciendo de la tragedia ajena una ocasión para ascender, o para obtener ganancias fáciles, o para divertirnos? Es la burla de la verdad.

Señor, tristemente, el espectáculo de aquella soldadesca ignorante en su mofa y befa contra ti se prolonga en todos los aprovechamientos abusadores, en las represiones físicas y los linchamientos morales, en todas las arrogancias y frivolidades a las que el hombre puede llegar cuando se hace lobo para el mismo hombre. Tú viniste para hacerlo hermano, pero nuestros intereses torpes lo disfrazan de quien no lleva tu imagen y semejanza para así mofarse de la humilde verdad de nuestra pequeña vida.

7.ª Estación

Jesús carga con la cruz

«Entonces se lo entregó para que lo crucificaran. Tomaron a Jesús, y, cargando él mismo con la cruz, salió al sitio llamado "de la Calavera" (que en hebreo se dice Gólgota), donde lo crucificaron; y con él a otros dos, uno a cada lado, y en medio, Jesús» (*Jn* 19,16-17).

Se dio el pistoletazo de salida y tuvo origen una macabra comitiva hacia el Calvario. Aquí comienza propiamente el Vía Crucis de Jesús, tras todo ese atormentado preámbulo del interrogatorio, la paliza despiadada y la injusta y amañada condena. Ahora llegaba el escarmiento ejemplar público por la calle desde entonces llamada *dolorosa* o de la *amargura,* para que todos se enteren que no se puede ir por la vida como fue Jesús: tratando a Dios como Hijo, a los pecadores con misericordia, a los niños y a las mujeres con ojos limpios y corazón puro, a los pobres de todas las pobrezas con amor, y a los farsantes de la dignidad y de la religión con la verdad por delante. No, no bastaba condenar a Jesús: había que restregárselo al pueblo presentándolo como un malhechor durante aquella primera procesión de la primera semana santa de la historia. En medio del tumulto, Dios en su Hijo sufrió esa chanza. Sigue la prueba en mil historias de las tantas vías dolorosas de la vida.

Hemos de reconocer que este escarnio, Jesús, era una cruz que no te perteneció jamás; la que hacía pesada y oscura la vida de los hombres; la que se agolpaba en todos los absurdos, todos los sin-sentidos, todos los horrores y errores. Lejos de afrontar nuestro propio veneno, lo cargamos sobre Ti. La cruz de mis pecados y falsedades, la cruz de mis manías y endurecimientos, la cruz de mis resentimientos e intolerancias, la cruz de mis desdichas e infelicidades... Hoy, mirándote en aquella subida al Calvario cargado con mi cruz, me pregunto: ¿sobre qué hombros la cargo yo? ¿A quién exhibo en mi vía dolorosa? ¿quién paga mis cuentas y mis platos?

8.ª Estación
El cirineo ayuda a Jesús a llevar la cruz

«Mientras lo conducían, echaron mano de un cierto Simón de Cirene, que volvía del campo, y le cargaron la cruz, para que la llevase detrás de Jesús» (*Lc* 23,26)

Apareció alguien que no estaba inicialmente convocado ni figuraba en los créditos. Era Simón el de Cirene. Aquel día volvió a nacer en aquel sitio, por un providencial empujón de algún soldado, que hizo que su mirada y su vida entera, se cruzaran con las de Cristo bendito. Y aquel hombretón cargó sobre sí el tramo de una cruz. Era más suya que de Cristo. El Señor se la devolvió durante un rato. Pero, más adelante Jesús tomará de nuevo esa cruz, y se dejará clavar en ella como quien abraza la muerte para hacerla resucitar. Dios ha sido el primer cirineo de nuestras cruces. Tantas veces Él ha salido a nuestro encuentro, sin más empujón romano que el empuje del amor. Cruces grandes y chiquitas, cruces notorias o inconfesables, cruces pasajeras o persistentes. Para cada una tenía unos brazos preparados Dios. No notamos su mano amiga, casi invisible de discreta que es. Somos cirineos de Jesús cuando le encontramos en la pasión de tantos hombres y mujeres, cuando Él nos dice: «¿no lo ves? Ayúdale a llevar su cruz, que también forma parte de la tuya... y de la mía». Todos tenemos el hombro fraterno que nos abre a la ayuda de los hermanos que nos confía Dios.

Señor, tenemos la experiencia colmada de que cuando todos se han ido y nosotros mismos hemos dicho el último y fatal ¡no!, Tú sigues todavía esperando, ofreciéndonos tu consuelo, tu gracia y tu perdón ayudándonos a llevar nuestra cruz. Siendo nosotros cireneos tuyos en la cruz de los hermanos, escenificamos la mejor procesión, esa que mirándote a ti permite que te imitemos en la vía dolorosa de los hermanos poniéndonos a la altura de sus necesidades reales en sus cuerpos y sus almas.

9.ª Estación
Jesús encuentra a las mujeres de Jerusalén

«Lo seguía un gran gentío del pueblo, y de mujeres que se golpeaban el pecho y lanzaban lamentos por él. Jesús se volvió hacia ellas y les dijo: "Hijas de Jerusalén, no lloréis por mí, llorad por vosotras y por vuestros hijos, porque mirad que vienen días en los que dirán: 'Bienaventuradas las estériles y los vientres que no han dado a luz y los pechos que no han criado'. Entonces empezarán a decirles a los montes: 'Caed sobre nosotros', y a las colinas: 'Cubridnos'; porque, si esto hacen con el leño verde, ¿qué harán con el seco?"» (*Lc* 23,27-31).

Fue un cruce de miradas que suscitó la esperanza en donde sólo había ojos de dolor apiadado ante el espectáculo de aquella vía Dolorosa. Jesús fue previamente consolado en Getsemaní por el ángel y antes Él mismo lloró delante de Jerusalén viendo su fatal deriva. Es Él quien ahora se pone a consolar los lamentos y a enjugar las lágrimas que por Él se vertían en la calle de la Amargura. Porque, aunque las lágrimas compasivas son mucho más que el mutismo indiferente, sin embargo, no bastan. El Reino por el que Jesús muere, no se paga con llantos plañideros. Hace falta compasión, pero también compromiso, aunque haya que comprometerse derramando lágrimas. Como Jesús con su amigo Lázaro, que, llorando como todos, no se quedó como todos, sino que, tras su llanto amistoso, le devolvió la vida haciéndole salir de la mazmorra mortecina. Hay lágrimas estériles, lágrimas inútiles, lágrimas que tras su pena esconden la incapacidad, el vacío y la soledad. El llanto cristiano sabe de dolor, de dolor extremo incluso, pero sabe a esperanza, la que nos permite seguir caminando, y luchando, y sonriendo. Así, Jesús transformó las lágrimas de aquellas piadosas mujeres en un salmo que elevó plegarias y comprometió sus vidas.

Señor, cuando te hemos abrazado y nos hemos dejado abrazar por ti que has vencido la muerte, pueden habernos brotado las lágrimas, pero sabemos que el sentido de nuestra vida no se anegará en ellas si estás Tú. Ya nos lo dijiste: «Os aseguro que llorareis y os lamentareis, y el mundo se alegrará. Estaréis tristes, pero vuestra tristeza se convertirá en gozo... volveré a veros y vuestra alegría nadie os la podrá quitar» (Jn 16,20.22). ¡Cuánto necesitamos tu consuelo para poder nosotros consolar desde Ti!

10.ª Estación
Jesús es clavado en la cruz

«Y conducen a Jesús al Gólgota (que quiere decir lugar de "la Calavera"), y le ofrecían vino con mirra; pero él no lo aceptó. Lo crucifican y se reparten sus ropas, echándolas a suerte, para ver lo que se llevaba cada uno. Era la hora tercia cuando lo crucificaron. En el letrero de la acusación estaba escrito: "El rey de los judíos". Crucificaron con él a dos bandidos, uno a su derecha y otro a su izquierda. [Así se cumplió la Escritura que dice: "Lo consideraron como un malhechor"]» (*Mc* 15,22-28).

Parecía que no llegaría el momento, pero aquel momento llegó. Le abrieron los brazos y los clavaron en cruz. En una misma imagen quedaba plasmada la *divina comedia*, la real: Dios como víctima del hombre. Dios por el hombre asesinado. Y ese Dios subirá el último peldaño sin cerrar puños, sin levantar brazos, sin esconderlos o excusarlos. Los brazos de Dios mueren abiertos, porque Dios quiso morir abrazando. Experimentó en su carne la mayor dureza humana. La carne de Dios que se nos hizo Palabra acampada y Tienda de encuentro en nuestra tierra condenada es cosida ahora a un madero, para acallarla en la más terrible de las censuras humanas: esa que decide enmudecer a Dios para que no hable ni actúe jamás. Quien pasó haciendo el bien y diciéndolo, era demasiado peligroso para los enemigos de la vida, de la belleza, la bondad y la verdad. No entraba en el juego de los violentos, ni en el de los oportunistas, ni en el de los corruptos, ni en el de los pecadores de todos los pecados. Y entonces como ahora, la verdad duele, la luz estorba. Era preciso crucificarla, acallarla y destruirla.

Señor, no ha cambiado tanto el horizonte del drama que te puso aparte. Podemos decir que ayer como hoy, como a los profetas, a los limpios de corazón, a los de mirada libre y memoria sin rencor, los crucifican siempre. Quisiéramos pedirte que sólo se crucifique la maldad, la violencia, el desamor. Tú para amarnos, abriste en cruz tus brazos. Para esperarnos, te dejaste clavar. Que en tu abrazo descubramos tu amor crucificado, y que mirándote así aprendamos a no clavar a nadie ya en nuestra indiferencia.

11.ª Estación
Jesús promete su Reino al Buen Ladrón

«Uno de los malhechores crucificados lo insultaba diciendo: "¿No eres tú el Mesías? Sálvate a ti mismo y a nosotros". Pero el otro, respondiéndole e increpándolo, le decía: "¿Ni siquiera temes tú a Dios, estando en la misma condena? Nosotros, en verdad, lo estamos justamente, porque recibimos el justo pago de lo que hicimos; en cambio, este no ha hecho nada malo". Y decía: "Jesús, acuérdate de mí cuando llegues a tu reino". Jesús le dijo: "En verdad te digo: hoy estarás conmigo en el paraíso"» (*Lc* 23,39-43).

Fue un lugar extraño para entablar amistades, pero allí tuvo lugar una amistad que se firmó para siempre. En el Calvario junto a Jesús, citaron también a dos ladrones. Uno se queda solo, con su vida rota y absurda, el otro en medio de todos sus desmanes y tropiezos, se encuentra con Alguien más grande que sus pecados. Esta es la experiencia del perdón. Dimas, buen ladrón, acertó en el principal «robo» de su vida, el último: «robar» al mismo Dios aquello que se le daba por pura gracia. Lo hizo suplicando, rezando sin saber que estaba hablando a Dios de su tragedia. Fue salvado cuando ya no podía devolver sus robos, como hiciera Zaqueo; cuando ya no podía llorar sus torpezas, como Magdalena; cuando ya no podía cambiar de redes, como Pedro. Fue salvado cuando ya no era posible nada, ante el precipicio de su infierno. A diferencia del otro ladrón, lo único que hizo fue aceptar la gratuidad que en el último momento te salva: que Dios es más grande que la pequeñez que nos embarga, y su luz mayor que la oscuridad que tapa tanta belleza sin mancha, y su agua la única que nos fecunda y nos sacia lavando tantas miserias que nos corroen y desesperan por dentro. ¿Qué más da descubrirlo cuando estamos en la prórroga, sin derecho a nada? Así sucedió con el amigo postrero, aquel Dimas que entró esa misma tarde en el Paraíso.

Señor, lo único que nos salva es oír desde la pequeñez real de nuestro pecado real, tu Palabra de vida que me abraza, mayor que todas mis obras buenas y malas: «Acuérdate de mí cuando llegues a tu Reino... Te aseguro que hoy estarás conmigo en el Paraíso» (Lc 23,42-43). Hiciste de un golpe nuevas todas las cosas sin especial condición más que la de abrirse a tu bondad que siempre nos espera. Así fue la primera canonización cristiana, la que hizo tu misericordia amorosa.

12.ª Estación
Jesús en la cruz. Su Madre y el discípulo

«Junto a la cruz de Jesús estaban su madre, la hermana de su madre, María, la de Cleofás, y María, la Magdalena. Jesús, al ver a su madre y junto a ella al discípulo al que amaba, dijo a su madre: "Mujer, ahí tienes a tu hijo"» (*Jn* 19,25-27).

Nos podríamos preguntar dónde estaban tantos de los que se beneficiaron por el paso bondadoso de Jesús en sus vidas y penurias, en sus oscuridades y pecados. No están las muchedumbres hambrientas y saciadas por Jesús, ni los enfermos curados, ni los discípulos predilectamente acompañados. Ni tantos como fueron librados de sus abismos varios. Todos huyeron: por miedo, por incomprensión, por ignorancia, por ingratitud. El lance final del drama de Jesús tuvo muchos espectadores curiosos, plañideros y acompañantes furtivos. Pero al pie de la cruz sólo quedan María y Juan. Dos fidelidades que se unen a la de Jesús en el testimonio silencioso de estar ahí: ante el misterio de una masa que pasó de los «hosannas» al «crucifícalo» con la docilidad de una consigna.

María aprendió a creer en los posibles de Dios desde sus imposibles humanos, a guardar en su corazón las palabras y los silencios de Dios, a invitar a los otros a hacer lo que ese Dios dijese como en Caná, porque esto fue lo que ella hizo durante toda su vida desde aquel primer sí que le dio al ángel como respuesta a la propuesta divina. Y, Juan quedó para siempre tocado en un encuentro a las cuatro de la tarde, y no se separará jamás de su Maestro, ni en las *maduras* dichosas de tantos milagros y «tabores», ni en las *duras* difíciles de los «getsemanís» en el huerto.

Señor, he aquí las dos fidelidades al pie de tu fidelidad crucificada: tu Madre y tu discípulo amado. Serán el comienzo de una nueva familia que sabe estar sin fuga ni traición, a tu lado. Los que piensan, actúan y viven desde la mayoría dominante o interesada, no están al pie de la cruz. Se fueron a llorar, a traicionar, o a gritar crucifixión. María y Juan. Nos los diste allí como madre y hermano. Solos con el Solo, aprendiendo del Maestro la última lección.

13.ª Estación
Jesús muere en la cruz

«Al llegar la hora sexta toda la región quedó en tinieblas hasta la hora nona. Y a la hora nona, Jesús clamó con voz potente: Eloí Eloí, lemá sabaqtaní (que significa: "Dios mío, Dios mío, ¿por qué me has abandonado?"). Algunos de los presentes, al oírlo, decían: "Mira, llama a Elías". Y uno echó a correr y, empapando una esponja en vinagre, la sujetó a una caña, y le daba de beber diciendo: "Dejad, a ver si viene Elías a bajarlo". Y Jesús, dando un fuerte grito, expiró» (*Mc* 15,33-37).

No hubo retraso en la cita. Llegó la Hora suprema, hora de nona. La Vida está muriendo en una cruz. Sólo hay espacio para un silencio abismado que pueda acoger callando en los adentros, aquel diálogo último del Señor con su Padre Dios: «Perdónalos, porque no saben lo que hacen» (*Lc* 23,34).

Así, como quien abre una rendija póstuma al perdón más inmerecido, ante el absurdo más injusto e increíble que se fraguaba. «Dios mío, Dios mío, ¿por qué me has abandonado?» (*Mc* 15,34). ¿Quién entenderá este grito supremo de Dios a Dios? Hasta este punto se quiso solidarizar Jesús, con nuestra pobre humana condición, tan llena de preguntas para las que no tenemos respuesta.

Todos los abandonos, todos los desgarros, las oscuridades y extravíos, las soledades y miedos estaban en aquel grito de Jesús. Ese grito resuena en todos los abandonos de cada uno de sus hermanos, de cada generación. Y en su abrazo sublime extendido en la cruz, hizo también suyas todas las muertes violentadas, amordazadas, toda muerte segada por terrores antes y después de nacer, toda la muerte de cualquier pecado. Todo se ha cumplido, e inclinando la cabeza, expiró. Misterio infinito el ver morir al hombre Dios.

Señor, propiamente hablando, dar la vida nos la diste Tú, sin ficción y hasta el final. Como Tú diste la vida verdaderamente. El sol se enluta ante ti, como impotente testigo del ocaso de quien tan hasta el extremo nos amó trayéndonos una luz sin ocaso. ¡Qué dura apariencia verte sin vida en la cruz que nos salvó! ¡Qué misterio insondable constatar que tras esa penúltima palabra quedaba todavía la última que escuchar!

14.ª Estación
Jesús es puesto en el sepulcro

«Al anochecer, como era el día de la Preparación, víspera del sábado, vino José de Arimatea, miembro noble del Sanedrín, que también aguardaba el reino de Dios; se presentó decidido ante Pilato y le pidió el cuerpo de Jesús. Pilato se extrañó de que hubiera muerto ya; y, llamando al centurión, le preguntó si hacía mucho tiempo que había muerto. Informado por el centurión, concedió el cadáver a José. Este compró una sábana y, bajando a Jesús, lo envolvió en la sábana y lo puso en un sepulcro, excavado en una roca, y rodó una piedra a la entrada del sepulcro. María Magdalena y María, la madre de Joset, observaban dónde lo ponían» (*Mc* 15,42-47).

La Palabra quedó callada, pero no muda. De modo que como la noche da paso a la aurora; como el sol reluce tras el llanto de las nubes, y la semilla se hace flor y luego fruto sabroso, así Cristo ha entrado en la entraña de la tierra, para salir amanecido y triunfante. Es la muerte la que ha sido acallada para siempre y todos sus aliados no tienen ya la última palabra. Tal vez, nosotros seguiremos tal vez perplejos, asustados y fugitivos, como los discípulos de Emaús; o acaso llorosos y desconsolados, como Magdalena. O dudosos, como Tomás. Siempre sucede así, cuando la muerte, en cualquiera de sus formas, nos acorrala y amenaza. Pero no es la hora del llanto, ni de la duda, ni de la fuga. Jesús resucitará al tercer día, y llenará de sentido todo abandono y toda muerte, haciéndolos encuentro y vida en una casa encendida para siempre. Es el perenne Sábado Santo, el de María, Madre creyente, que esperará nuevamente y por última vez que lo imposible es posible para Dios. Son las estrofas de su particular aleluya: con Ella veremos que se pueden transformar los desiertos en torrentes, las espadas y las lanzas en arados y podaderas, las lágrimas en sonrisas, los lutos y sayales en trajes de danza y de fiesta, como nos dice el salmista. Pero es preciso no saltarse la prueba y aceptar que allí Dios fecunda nuestra noche y vacío en una alborada plena que ya no termina.

Señor, con este lance haces viva una de tus parábolas más audaces: eres grano de trigo en la tierra dura y oscura, en el sepulcro de todos los vacíos, donde germinará tu resurrección. La creación y la historia serán testigos de aquel sepulcro que dejaste vacío para siempre. Porque tu muerte que en él fue sepultada, ha sido vencida, ha sido muerta y en ti, dulce Jesús, la vida para siempre resucitada. Allí venciste no sólo tu muerte sino también la nuestra.

10
El silencio de María en aquel primer Sábado Santo de la historia

Ayer Viernes Santo asistimos a un viernes apasionado con la vía Dolorosa y un Calvario, donde estaban sin censura, todas las etapas de nuestra vida y todos nuestros pecados. Jesús inclinó su cabeza en gesto de decir el más increíble «amén» a la voluntad de Dios callando. La muerte no tiene palabras, es muda como el abismo que nos abruma. Arranca de nuestros labios los dichos y censura pronto cualquier comentario, como si un mutismo maldito fuera la única cosa que escuchar a la nada. Ayer la tierra quedó en tinieblas, a las tres de la tarde de la hora de nona. Unas tinieblas mortalmente mudas. Como un sepulcro en el que habita el fracaso, la rendición, la derrota sin coartadas.

Pero hay un silencio diverso que no es mutismo sin más, sino que paradójicamente se torna elocuencia discreta y reservada. Es el silencio que, caballeroso, deja espacio a la palabra amada. Y sólo en ese silencio que por amores calla, puede escucharse una palabra que no sea hablar del tiempo cuando ya no hay tiempo tras la muerte certificada. El Sábado Santo es día de silencio mirando a María Desolada. En su mirada no hay desgarro, en sus pálpitos no laten taquicardias desbocadas, en su semblante destaca el señorío de una dignidad serena y callada. No es el silencio de quien no dice nada, sino el silencio desbordado por las palabras que en el corazón se guardan. Que así fue desde el principio en la historia cristiana de María: hágase en mí tu palabra, le dijo al ángel. El hágase con el que Dios mismo dijo todas las cosas creadas en aquella primera mañana.

Silencio que guarda en el corazón agradecido lo que se entiende y lo que nos pasma, silencio que guarda memoria viva de tantas palabras dadas, silencio que espera el cumplimiento de la vida nueva en la alborada. De todos estos silencios, llenó María la esperanza cierta de que, tras el penúltimo vocerío de la muerte, vendría el susurro último de la vida en la mañana. Los discípulos huyeron, se dispersaron, irían al rincón de su escondrijo para ver quién decía algo en medio del dolor espantado y fugitivo. María nos acompaña en medio del silencio asustado que nos envuelve, y con ella creemos que Dios pronunciará una palabra creadora sembrando en el surco de la muerte la semilla de la vida que no acaba.

El silencio de este Sábado Santo es siempre un silencio mariano. María hizo de toda su vida una escucha atenta de lo que Dios decía y lo que él callaba. Para escuchar ella guardaba silencio, y cuando con silencio Él decía sus palabras, entonces ella aunque no las entendiera las guardaba en su corazón como cuando Jesús se perdió en el Templo. Todo empezó con nueve meses de silencio cuando en aquel seno como un sagrario hizo de su andadura una procesión de Corpus Christi por doquier. Fue la primera de la historia. Aquella María gestante le prestó a su pequeño todo en aquel momento: su cuerpo inmaculado, su sangre enfervorecida, su cuidado de primeriza y joven mamá de aquel Único Hijo que llevaba en sus entrañas. Hasta los latidos de su corazón marcaban el ritmo del pálpito del pequeño corazón infinito de Dios. Nueve meses de intimidad como sólo una madre puede tener con el hijo de sus adentros durante la buenaventura bienaventurada.

El hágase del principio, su *fiat,* se transformó en un permanecer fiel, su *stabat,* cambiando el escenario del seno virginal por el escenario del Calvario con una cruz a cuyo pie María volverá a engendrar como madre. Fueron de las últimas palabras del Hijo desde el altar de la cruz: he ahí a tu hijo, he ahí a tu madre. Su maternidad virgen, dará de nuevo a luz allí en Gólgota: era la Iglesia naciente que representaba el discípulo Juan. Allí estábamos nosotros en el Calvario, como lo estuvimos en Nazareth. Ella es Madre nuestra porque fue la Madre de Cristo, el primero de cuantos luego vendríamos a la fe. Hay un bello texto del libro de la Sabiduría: «Cuando un silencio lo envolvía todo, y la noche se encontraba en la mitad de su carrera, tu Palabra todopoderosa, Señor, saltó de tu trono real de los cielos a una tierra condenada al exterminio» (*Sab* 18,14-15). Toda la historia de la salvación pende de esta verdad expresada por el autor sapiencial: un silencio y una noche que han sido vencidos, ganados por una palabra acampada que nos ha traído la luz que no conoce ocaso. Dios ha puesto su tienda en medio de todas nuestras contiendas, salvando cualquiera de nuestros exterminios.

Efectivamente, Dios nos acompaña hablándonos. Dios diluye nuestra soledad poniendo discreto su Palabra entre nosotros y en nosotros mismos, como si fuera un fuego hermano que ilumina y caldea los pasos de nuestra aventura humana y creyente. La Palabra de Dios es fuego, sí. Un fuego que se hace elocuente y luminoso a la vez, un fuego que alumbra sin deslumbrar, que purifica sin destruir. Siempre estaremos en vilo en el trance de esperar y reconocer la palabra para la que nacimos, una palabra que por venir del mismo Dios quiso Él acallarla desde siempre para decírmela a mí y decirla conmigo.

Siempre seremos mendigos de esa Palabra de Dios que hace las cosas «diciéndolas» («dijo Dios... hágase» *Gén* 1-2). Cada uno de nosotros somos una palabra del Señor dentro de esa gran conversación que es la historia, aunque no pocas veces nos empeñemos en quedar mudos por decirnos demasiado a nosotros mismos y por no escuchar otras palabras hermanas, ni escuchar juntos los hablares de Señor. No obstante, hemos nacido para esa Palabra por antonomasia que es palabra de fuego, llama encendida. Y toda nuestra vida clama de mil modos en la espera de esa especie de acontecimiento en el que finalmente suceda el encuentro con la Palabra por antonomasia. Esta es la Palabra que en el sábado santo Dios se nos desliza y susurra en el silencio de María.

Dejemos hablar al Señor que se nos revela o se nos oculta, para acercarnos en cualquier caso su buena noticia. La Palabra de Dios ha sido acogida y custodiada por la Iglesia, celebrada en la liturgia, testimoniada en sus santos, proclamada en los misioneros, explicada por los teólogos, cuidada por el silencio de los místicos, y compartida por cada generación como un anuncio salvífico que a buena noticia sabe. Hemos nacido para la escucha de esta Palabra encendida, en cuyo cálido y luminoso hogar se nos invita a vivir con toda la Iglesia el santo Evangelio.

No es tan sencillo aceptar esta provocación desabrida donde mirando la oscuridad de un sepulcro se nos invita a esperar la alborada que nos devuelve la vida. Pero ahí reside precisamente el desafío de este Sábado Santo silencioso que de este modo nos reta. No se trata de un pulso a nuestra vulnerable pequeñez, sino un reclamo que despierta nuestra más profunda confianza.

La Virgen santa nos muestra en este día, el más mariano del año, a permanecer asombrados y atentos ante esa Palabra. Entre el *fiat* y el *stabat* de María, hemos aprendido los creyentes a creer. Sábado Santo para guardar silencio, y acoger en el alma como hizo María todo lo que Dios nos dice o lo que Él nos calla, porque en medio de ese silencio que nos envuelve, siempre habrá una palabra todopoderosa que venga a sembrar en nuestra muerte la semilla inmortal de su vida resucitada. Y este es el alba que aguardamos al despuntar el día de la Pascua por antonomasia, cuando se nos devuelven las formas, los colores y el significado de nuestra historia que fue eternamente pensado, soñada y regalada desde el Corazón de Dios. En el silencio de este día, vamos acogiendo tamaña palabra resucitada, porque es el día en el que aprender a escuchar como María abriendo nuestros mutismos a su bendito silencio, para decir como Ella siempre dijo: hágase en mí según tu Palabra. Guardando en el corazón lo que nos dice Jesús de tantas maneras, o aquello que silenciosamente señala.

11
La alborada rediviva.
La gracia del triunfo de la Pascua

Han podido ser muchas las penúltimas palabras en las que se ha puesto a prueba lo mejor con todo el peso de ser palabras broncas, amenazantes y aciagas. Pero la palabra final se la ha reservado Dios tras un drama ajeno que termina en su personal victoria. El desenlace sufriente de Jesús en su entrega a la muerte por nuestra salvación no concluye en un sepulcro maldito donde fue sepultado el más santo. Aquella oquedad a la sombra del Calvario no fue el tanatorio que sumió en el silencio y en la soledad más terribles a quien trayéndonos la Vida quedaría preso de la muerte. Hemos seguido al Señor en estos trances últimos de su vida terrenal. Desde Ramos hasta el Gólgota ¡cuántos envites, cuántos embates, cuántos ir de aquí para allá unos y otros, siendo imposible parar lo que no aceptaba ninguna pausa! Jueves Santo, Viernes Santo, Sábado Santo... ¡qué triduo para una Pascua! En este día luminoso que brilla como sol que nace para siempre de lo alto, reconocemos con toda su hondura como han hecho los santos: que la pasión de Cristo que empezó en el Huerto no termina con el mortal estertor. No es el llanto desesperado ni un beso de traición lo que acaba con la historia de salvación que el Señor nos contó con su vida, y por eso sólo caben las lágrimas agradecidas y un beso lleno de inocente amor que no claudica.

Podemos imaginarnos cómo era el ambiente de aquellos primeros momentos en la incipiente comunidad cristiana tras la muerte de Jesús. Seguro que llevaban varios días sin dormir aquellos discípulos. La tristeza de haber perdido al amigo y al maestro que había cambiado sus vidas se unía al miedo inconfesado de tener que esconderse de miradas y redadas que por doquier veían desde su temor. Habían transcurrido demasiado deprisa aquellos interminables instantes desde que, en el primer Viernes Santo a la hora de nona, bajó el telón de una historia. La oscuridad de aquella tarde era expresiva de otras tinieblas más densas en sus almas, en sus ojos, y en la incertidumbre de qué pasaría ahora cuando todo aparentemente tocaba a su fin de modo tan brusco e injusto.

No había forma de comunicarse entre ellos. Nada sabían del desenlace de Judas, ni de los llantos de Pedro, ni de las palabras que al pie de la cruz pudo escuchar Juan junto a la Madre por antonomasia. Las mujeres discípulas de Jesús, andaban tan nerviosas como desconsoladas organizando quizás un último gesto para embalsamar al Señor con sus lágrimas y sus ungüentos. El ambiente era desolador como quien más o quien menos tiene ante la muerte de un ser querido en el adiós para siempre de esa persona que por más que la miremos no respira, no siente, no padece... pero tampoco nos miran sus ojos cerrados, ni nos besan sus labios inmóviles, ni cabe esperar caricia alguna de sus manos frías.

Cada uno de aquellos discípulos, escondidos como pudieron en algún agujero aparte, remendaban sus recuerdos como si un roto los hubiera hecho trizas en trozos irreparables. Y les vendrían a la memoria palabras que sólo escucharon al Maestro mientras les abrían horizontes inimaginados como nunca habrían sido ellos capaces: palabras de ternura, de consuelo, de ensueños amables, palabras que traían verdad incómoda para las mentiras cobardes, pero que dichas por aquellos labios siempre se percibían bondadosas como quien se reconoce en ellas descubriendo que eran correspondientes con lo que en el corazón latía. Les vendrían también al recuerdo un sinfín de escenas en las que en todo tipo de momentos hubo siempre un gesto oportuno para anunciar la buena noticia o para denuncias los desmanes. No hubo llanto que no fuera enjugado, ni esperanza que resultara frustrante, ni dolor que no fuera abrazado con respeto ardiente, ni pecado que no fuera señalado para dar luego la ocasión de arrepentirse y volver a empezar. Eran las palabras volanderas que les venían a la mente, y eran los mil gestos que como milagros se les cruzaban en las encrucijadas ahora tan lejanas y tan dolientes.

Así estaban aquellos primeros discípulos, con esa guisa de extrañeza y de ansiedad, mezclada con la preocupación despiadada ante el miedo que les hervía la sangre. Juan nos acerca el caso de María la Magdalena. A pesar de que estaba ya amaneciendo, nos dice el evangelista que aún estaba muy oscuro, subrayando así la penumbra que embargaba el corazón de aquella mujer buena salvada de sus abismos y contradicciones unos meses antes. Se apercibe de que la losa estaba movida, y ni corta ni perezosa fue a buscar a Pedro y Juan para hacerles a ellos su propio relato: que se habían llevado al Señor, que no estaba ya dentro del sepulcro y que desconocía dónde ni quien lo tenía ahora. Los datos eran parcialmente verdaderos, pero también ella en su dolor partido y profundo echa a volar la imaginación sufrida y sufriente.

Los dos discípulos corrieron, uno más que otro, casi sin esperarse en la carrera, ante la noticia jaleosa que les trajo Magdalena. Juan, el más joven, llegó antes, Pedro con la lengua fuera logró al fin alcanzarle. Y los dos pasmados comprobaron el dato que esa mujer les había dicho: que Jesús no estaba allí ya.

Los dos discípulos corrieron, uno más que otro, casi sin esperarse en la carrera, ante la noticia jaleosa que les trajo Magdalena. Juan el más joven llegó antes, Pedro con la lengua fuera logró al fin alcanzarle. Y los dos pasmados comprobaron el dato que esa mujer les había dicho: el sepulcro vacío y los telares que cubrieron cuerpo y cabeza. Pedro entró y vio los lienzos de la sábana tendidos y el sudario enrollado aparte. Ese sudario que como pañuelo le pusieron en la cabeza al descenderlo de la cruz. Es nuestra bendita reliquia que con tanta piadosa devoción conservamos, cuidamos y veneramos en la Catedral de Oviedo, la *Sancta Ovetensis*. El cuerpo ya no estaba, y le venía estrecho aquel recinto de muerte y aquellos lienzos y sudarios para la mortaja, cuando la vida renacida desplazaba la tragedia y el drama. Aquel sepulcro no era una tumba cualquiera. Para unos, era el final de la pesadilla que para ellos tal vez fue Jesús. Para otros, como Pilato, tal vez el final de un susto que le puso contra las cuerdas haciendo peligrar su poltrona política. Para otros, como los discípulos, el sepulcro era su pena, su escándalo, su frustración.

El discípulo a quien Jesús especialmente quería vio y creyó. No hay espacio ya para el temor, porque cualquier dolor, luto y tristeza, aunque haya que enjugarlos con lágrimas no nos secuestran en su llanto, porque no podrán arañar nuestra esperanza, nuestra luz y nuestra vida. Porque Cristo ha resucitado, y en Él, como en el primero de todos los que después hemos seguido, se ha cumplido la promesa del Padre, un sueño de bondad y belleza, de amor y felicidad, de alegría y bienaventuranza. Es el sueño que Él nos ofrece como alternativa a todas nuestras pesadillas.

Con la Pascua se abre otra procesión que nunca termina en la que dar testimonio de que Jesús ha vencido la muerte y todas sus engañifas, sus chantajes y sus rincones de tristeza y melancolía. Con el gozo de María, alegrémonos nosotros también. Con todos los santos que se alegran en el cielo por la misma razón que nosotros brindamos hoy en la tierra. Cristo ha resucitado, no es vana nuestra fe. La noche pasó con sus sombras, y se encendió la luz amanecida. La penúltima palabra de la censura de la verdad y el asesinato de la vida, cedió inevitable la palabra final a quien siendo Dios se hizo hombre, se hizo hermano, se hizo historia y se hizo pascua rediviva.

No tuvimos que maldecir la oscuridad, ni cavar trincheras peleonas contra ella, ni levantar broncas barricadas. Como dice Charles Péguy, Cristo no luchó contra la tiniebla, sino que se puso en medio de ella para ser la Luz. Así, nosotros pusimos anoche en el candelero de la libertad y del afecto, la llama con la que el Señor resucitado nos daba calor y luminaria. Lentamente la oscuridad se vio denunciada, empujada y vencida, y la vida tomaba de nuevo un nuevo rostro, devolviéndonos su encanto, su secreto y su color.

Al alba de pascua encendemos los cristianos el cirio de la luz amanecida. Es un canto dulce, apasionado, con un brindis de triunfo que no se hace triunfalista. Porque Cristo ha vencido con su resurrección bendita su muerte y la nuestra. Fue al alba, sí, sucedió al alba, cuando el amor no nos abandona. Dios nos ha abierto su casa, nos acoge y nos regala su vida. Por eso cantamos un aleluya al alba de nuestra mejor albricias. Ocho días para una octava de gratitud interrumpida, y cincuenta que nos adiestran para la alegría que no acaba.

12
Retablos para una sinfonía pascual

Llegados al horizonte más esperanzador y definitivo que celebramos los cristianos, ese que coincide con la Pascua, podemos acoger unos pocos cuadros que, como escenas de un retablo barroco o ventanas coloridas de una vidriera gótica, nos permiten detenernos en algunos momentos de cuanto supuso la Resurrección de Jesús. Son algunos de los varios testimonios que nos propone la Iglesia para poder comprender el significado de este trasiego de salvación y, sobre todo, podernos descubrir a nosotros mismos por dentro de su trama. Porque los registros que observamos en el ir y venir de los discípulos, los temores que les helaban, los ensueños entusiasmados que se suscitaban en su esperanza son también los nuestros si acertamos a leernos biográficamente en estos preciosos relatos de presencias y palabras de Jesús con aquellos Doce discípulos mermados tras el desenlace de Judas. Vale la pena situarnos dentro de estas escenas de un retablo y encontrar nuestra posición con su letra y su música en la sinfonía pascual.

12.1 De la noche a la mañana inesperada: la Pascua

Tantos días tenemos brumas mañaneras, y las nubes siguen siendo bajas e incluso llueve en abundancia, pero el sol está detrás de todas esas cortinas de la naturaleza, está discreto disolviendo las penumbras que atenazan y censuran nuestra esperanza. Pero de pronto, amanece la mañana de otra manera y se nos devuelven las formas secuestradas y los colores deshilachados recobran su fuerza cromática. La noche larga y negra de tres días de sepulcro hizo que saltaran por los aires las sombras malagüeras que acorralaban la vida dejándola sola y muda con insistencia. Esa mañana de la Pascua no fue una mañana cualquiera. Los inviernos todos, se han rendido a la eterna primavera por la victoria de Jesús sobre su muerte y la nuestra.

Quedan atrás esos días tan señeros que tuvo que vivir en primera persona Cristo, y que tan intensamente lo hace cada año el pueblo cristiano llegando el Triduo pascual que quiere vivirlo de verdad entendiendo lo que significan. La vida no tiene botón de pausa y sigue adelante su camino, el que misteriosamente ha trazado de modo providencial Dios con su eterna sabiduría. Y tras el silencio del Sábado Santo, en la mañana de Pascua todo es palabra. Aquellos primeros discípulos y nosotros hemos tenido que aprender a escuchar el silencio, a deletrear sus letras que no dialogaban, y aceptar el tirón que representa una derrota tan aparente como mordaz, una muerte que se impone como vencedora sin quimera y a ultranza.

En aquel primer domingo de resurrección y cada domingo de Pascua, la Iglesia celebra otra cosa. Sin aspaviento ni alharaca. La convocatoria nos escenifica que quedaba lo mejor por llegar, pues quedaba propiamente por decir la última palabra. Es el final que se torna recomienzo, y donde todo parecía agotado, tumbado y aplastado, de pronto empieza allí la primavera con una pujanza tan nueva que hace olvidar todos los barbechos que ridiculizaron burlones la espera. Así, todas las penúltimas palabras llenas de oscuridad, muerte y desesperanza han quedado enmudecidas para siempre tras ese canto que, como un himno a la alegría, tenía un aleluya sin ocaso por única estrofa. Había una palabra última que debía ser escuchada y es la que de modo postrero se reservó Dios mismo para pronunciarla.

Por angostos que sean nuestros pesares, por malditos que resulten tantos avatares inhumanos, y por tropezosos que nos parezcan los traspiés de cada día, Jesús ha vencido. Y esto significa que ni la enfermedad, ni el dolor, ni la oscuridad, ni la tristeza, ni la persecución, ni la espada... ni la mismísima muerte tendrán ya la última palabra, porque hasta la muerte ha sido muerta. Jesús ha resucitado, y su triunfo nos abre de par en par el camino de la esperanza, el camino de la verdadera humanidad, el camino que nos conduce al hogar de Dios sin más intemperies aciagas.

Él ha querido morir nuestra muerte, para darnos como regalo más inesperado e inmerecido lo que era menos nuestro: su propia resurrección. La puerta está abierta y el sendero limpio y despejado. Sólo basta que nuestra libertad se mueva y secunde su primordial iniciativa, la de Dios, la de su Amor. Sí, Jesús ha resucitado, y la luz ha vuelto a entrar en nuestro mundo víctima de las tinieblas de todos los viernes santos de la historia. Pero es posible que nosotros todavía no nos hayamos enterado, y nos ocurra como a María Magdalena, que se acerca al Sol de la vida, a Jesús, cuando todavía para ella es sólo una discreta amanecida, cuando para ella «aún estaba oscuro» (*Jn* 20,1), como nos describe el Evangelio de Juan. Y en lugar de reconocer en los signos de la piedra quitada del sepulcro, el cumplimiento de cuanto el Maestro había dicho, quedó asustada, y echó a correr en busca de Pedro y de los otros, para hacer una interpretación tan apresurada como inexacta: «No está el Señor, se lo han llevado del sepulcro y no sabemos dónde lo han puesto» (*Jn* 20,2).

Y fueron Pedro y Juan hasta allí para ver qué había sucedido. Pero sólo Juan, el discípulo amado, el de las confidencias al costado de su Señor, el de las fidelidades al pie de la cruz, el heredero y acogedor de la Madre de su Maestro... sólo él, como nos dice el evangelio, «vio y creyó» (*Jn* 20,8). En el libro de los Hechos de los apóstoles se nos dice cómo los discípulos –Pedro en este caso– fueron los testigos de un acontecimiento: «nosotros somos testigos» (*Hch* 10,39). Sí, ellos vieron el desenlace de un drama inimaginable: Jesús y lo que hizo en su paso haciendo el bien.

Por eso en un día así sí que tañen las campanas. Porque hay un motivo de alegría que ellas quieren contarnos con sus tañidos sin par. La oscuridad de todas nuestras historias negras, han perdido sus penumbras con la salida del sol, aunque aquí lo tengamos entre las bambalinas de las nubes mañaneras. La pena que nos arruga por los retos humillantes que nos aplastan, ya no tiene pesadumbre que abogar. Cuanto de conflicto interior o de cuita exterior nos enfrenta, dejó de ser motivo que nos haga rehenes del mal. ¿Qué ha ocurrido en estas horas, quién ha venido de improviso, qué se ha vuelto a empezar como antaño o a estrenar como su primera vez?

Lo dice la oración colecta de la misa de Pascua: las puertas de la eternidad han vencido en este día la muerte. Están abiertas de par en par y nos invitan a pasar acompañados del Señor resucitado, de María y todos los santos. Vale la pena asomarse al extraordinario lienzo del suizo Eugène Burnand († 1921): «En la mañana de la resurrección, los Discípulos Pedro y Juan caminan hacia la tumba», y sentir la tensión que este artista plasmó en los rostros de estos dos primeros cristianos. O habría que embelesarse en la escucha del oratorio de «El Mesías» que compuso el gran Georg Friedrich Haendel, o cambiar la audición de la Pasión según San Mateo por el oratorio de Pascua en Johannes Sebastian Bach. Todos los artistas con sus pinceles o cinceles, todos los músicos con sus notas, y con sus versos los poetas nos han ambientado este momento indescriptible. ¿Corremos nosotros al sepulcro de Cristo? ¿Qué obra de arte, cantata o poema representa en la búsqueda del Señor resucitado mi vida?

Sí, vayamos al sepulcro, a ese en el que tantas veces quedan sepultadas nuestras alegrías y esperanzas, nuestra fe y nuestro amor, y veamos cómo Dios quiere resucitarnos, quitar las losas de nuestras muertes, para susurrarnos una palabra de vida, sin fin y verdadera. Jesús ha resucitado. Vuelve la vida. El himno de esta alegría no tiene ninguna fuga en su tocata, sino un eterno regalo que nos permite volver a nacer poniendo un aleluya en los labios y en el alma. Estamos de alborada con un alba inmensamente blanca. Que deje Magdalena sus llantos, que no siga Tomás con sus dudas, que Pedro y Juan no se paren en la carrera. Jesús ha resucitado de veras. Con María y con los santos, nos alegramos por la victoria del Resucitado que inmerecidamente nos regala.

12.2 Unos ojos que creen y un corazón que ve. El caso de Tomás

No es fácil imaginarse aquella escena tan cernida de tristeza honda por lo acontecido en los últimos días tras la captura de Jesús en el Huerto de Getsemaní. Entre los discípulos que quedaban sin la dispersión de una estampida general, se comunicarían sus cosas, contaría cada cual su propia versión, compartirían llantos con lágrimas amargas y recordarían con inmensa gratitud y nostalgia lo que habían supuesto aquellos imborrables tres años de compañía con el Maestro. La cuestión era tan sencilla como desgarradora: y ahora ¿qué hacemos?, ¿dónde vamos?, ¿qué será de nosotros? Y ¿qué salida le damos a tanto visto y escuchado durante todo este tiempo?

Es la escena preciosa y aleccionadora de un encuentro casi furtivo entre Jesús resucitado y un grupo de asustados discípulos. Tiene lugar en el ámbito del cenáculo que tantos secretos guarda entre sus paredes:

«Al anochecer de aquel día, el primero de la semana, estaban los discípulos en una casa, con las puertas cerradas por miedo a los judíos. Y en esto entró Jesús, se puso en medio y les dijo: "Paz a vosotros". Y, diciendo esto, les enseñó las manos y el costado. Y los discípulos se llenaron de alegría al ver al Señor. Jesús repitió: "Paz a vosotros. Como el Padre me ha enviado, así también os envío yo". Y, dicho esto, sopló sobre ellos y les dijo: "Recibid el Espíritu Santo; a quienes les perdonéis los pecados, les quedan perdonados; a quienes se los retengáis, les quedan retenidos". Tomás, uno de los Doce, llamado el Mellizo, no estaba con ellos cuando vino Jesús. Y los otros discípulos le decían: "Hemos visto al Señor". Pero él les contestó: "Si no veo en sus manos la señal de los clavos, si no meto el dedo en el agujero de los clavos y no meto la mano en su costado, no lo creo". A los ocho días, estaban otra vez dentro los discípulos y Tomás con ellos. Llegó Jesús, estando cerradas las puertas, se puso en medio y dijo: "Paz a vosotros". Luego dijo a Tomás: "Trae tu dedo, aquí tienes mis manos; trae tu mano y métela en mi costado; y no seas incrédulo, sino creyente". Contestó Tomás: "¡Señor mío y Dios mío!". Jesús le dijo: "¿Porque me has visto has creído? Bien-aventurados los que crean sin haber visto"». (*Jn*, 20, 19-29).

Había sonado ya el aviso y tras la Pascua de Jesús tocaba a sus discípulos proseguir lo que en el Maestro había tenido sólo un comienzo inacabado, aparentemente interrumpido por los últimos acontecimientos sobrevenidos. No obstante, no era tan inmediato ni tan sencillo tamaño relevo. Quizás nosotros no tenemos la perspectiva que ellos tuvieron, y damos por descontado lo que cada uno tuvo que ir asimilando y poniendo por obra. Pero ellos fueron los primeros, los que tenían que es-cribir aquella página neotestamentaria tras la muerte de Jesús que seguía pesándoles como losa en sus almas. No olvidamos que los discípulos de Jesús en los momentos más críticos y difíciles tras el apresamiento del Maestro se fueron escabullen-do cada cual con su escapatoria desertora: los Judas con sus besos y monedas, los Pedros con sus gallos y sus llantos... y todos los demás con su drama anónimo e inconfesado que les encogía las entrañas. No por avisado fue un final sorprendente el que tuvo aquel Maestro tan amado, tan seguido y busca-do, tan aplaudido con hosannas unos pocos días antes. Aquel monte Calvario se presentaba como un mentís que contrade-cía tanta bondad y belleza, tanta gracia derramada con el paso de Jesús por nuestras cosas cotidianas.

Obviamente, un final inesperado y desgarrador se precipitó sobre aquellos discípulos hasta temer por su propia vida: ¿no somos nosotros víctimas potenciales de una redada mayor?:

«Al anochecer de aquel día, el primero de la semana, estaban los discípulos en una casa con las puertas cerradas, por miedo a los judíos» (*Jn* 20,19a). El miedo, el escondimiento, el *ghetto* a puerta cerrada... son notas que caracterizan el mundo psicológico y espiritual de aquellos hombres asustados en el más palmario desconcierto que no acertaban a gestionar de ningún modo. Y esto se entiende mejor a la luz del contraste que representa la aparición de Jesús en esa realidad así descrita: «En esto entró Jesús, se puso en medio y les dijo »Paz a vosotros" (*Jn* 20,19b). Era como una respuesta amable y gratuita a las preguntas más profundas, ignotas e inconfesadas.

Contrasta ese trasfondo con el que luego describirá la vida comunitaria de aquellos primeros cristianos cuando superen ese tremendo trauma como nos acerca el libro de los Hechos de los Apóstoles que nos permite asomarnos a una página ideal, o mejor, idealizada de aquella primordial comunidad cristiana. No falsa, por supuesto, pero sí con una descripción feliz que quizás no fuera tan lineal en el comienzo: «Los hermanos eran constantes en escuchar la enseñanza de los apóstoles, en la vida común, en la fracción del pan y en las oraciones. Todo el mundo estaba impresionado por los muchos prodigios y signos que los apóstoles hacían en Jerusalén. Los creyentes vivían todos unidos y lo tenían todo en común; vendían posesiones y bienes, y lo repartían entre todos, según la necesidad de cada uno» (*Hch* 2, 42-44).

Así se entiende que en el evangelio de esta aparición de Jesús en medio del cenáculo donde se escondían los discípulos, por tres veces aparece esta expresión: «Paz a vosotros». Venía a ser como una contraseña de la presencia resucitada del Señor en medio de los suyos. El inequívoco «santo y seña» de su identidad inconfundible. Su paz como final feliz de tantas violencias simbolizadas en su Pasión y en su Cruz. Porque tras su muerte se ha inaugurado otra posibilidad de vida para los humanos mortales. «Paz a vosotros» no es desafío despiadado de Jesús para con los suyos, demasiado escondidos y asustados. No era un extraño fantasma que venía para amedrentar más sus corazones encogidos por la pena amarga y por los temores fundados. Era Él, el Señor, que verdaderamente había resucitado, según lo predijo. De pronto, sin cita previa, se presenta en medio de todos ellos para su pasmo y su contento, mientras se restregaban los ojos como para asegurarse de lo que estaban viendo tan real y tan en directo.

Y para que toda duda quedara disuelta, que a raudales les albergaría en las entrañas, entonces les mostraría las señales de la muerte: las manos y el costado, con sus llagas sacrosantas, en donde hasta pocas horas antes había acampado la muerte. Signos de una derrota que se transformaban en los motivos triunfantes de una victoria que no se presentaba triunfalista. Propiamente, Jesús no era un bedel de añejo museo que enseñaba estas señales en un cuerpo debidamente momificado, ni tampoco una holografía tridimensional que fantasmalmente se les había colado en su pánico, sino que, muy al contrario, era Él mismo el que mostraba su cuerpo glorioso, dando paso a otras señales de vida sin abrazos mortecinos, sin llantos desconsolados. Eran las señales resucitadas y resucitadoras de la gloria anunciada que allí en aquel recinto se hacía patente ante el alcance sorprendente de sus ojos admirados.

De frente al espectáculo de la muerte trocada en vida, se rubrica la maravillosa reacción que inmediatamente tuvieron todos: «Los discípulos se llenaron de alegría al ver al Señor» (*Jn* 20,20). Pero no todos: ese era el dato. Faltaba Tomás, a quien la historia ha apodado con una cierta ensaña como «el incrédulo». El hecho es que, a pesar del testimonio de los demás discípulos, el bueno de Tomás no creerá posible lo que sus compañeros afirmaban: «Hemos visto al Señor» (*Jn* 20,25). Sus ojos habían visto agonizar y morir a Jesús. Sus ojos ahora demandaban la prueba suficiente para que se borrase aquella imagen tan terriblemente grabada, y que el entusiasmo de aquellos compañeros de Tomás no le estaban acercando, sino justamente la duda que despiadada se nutría en el alma de este discípulo escéptico. Pero ahí no terminó la cosa.

La prueba llegó, la prueba era Jesús mismo que a los ocho días volverá a anunciar la paz a quien sobre todo carecía de ella: a Tomás. Era como una cuestión pendiente que el Señor no quería dejar pasar por alto, porque en la duda de Tomás estaban en ciernes todas las nuestras que también debían ser curadas. «Trae tu dedo, aquí tienes mis manos; trae tu mano y métela en mi costado... y no seas incrédulo sino creyente» (*Jn* 20,27). Podemos imaginar la cara de asombro avergonzado que se le debió quedar al discípulo Tomás. Y añadirá Jesús: «¿Porque me has visto has creído? Dichosos los que crean sin haberme visto» (*Jn* 20,29). Esta fue la escena y este el desenlace. Las dudas de Tomás han ayudado inmensamente a la fe de todos los creyentes.

Pero es que uno siempre ha pensado que la actitud de Tomás era por lo menos razonable. En el sentido de que los signos de la vida que sus compañeros vieron cuando él no estaba presente, no quedaron suficientemente grabados en sus corazones, hasta tal punto que no les transformó en testigos quizás de la resurrección de Jesús sino de un nuevo susto. Tomás tenía sus dificultades, pero el testimonio de los demás quizás fue demasiado precario. Y, cuando alguien se empeña en decir que Cristo ha resucitado mientras que se permanece entre los lazos de la muerte –en cualquiera de sus formas–, no se es testigo de la Pascua sino un vendedor de ideas extrañas y distantes, que siendo acaso verdaderas serán siempre ideas prestadas que no abrazan la pequeñez de nuestra vida, la vulnerabilidad de nuestras certezas ni el convencimiento agradecido de una gracia que nos salva.

Más adelante la comunidad cristiana lo aprenderá y lo vivirá de otro modo, como dice Pedro en su primera carta: «No habéis visto a Jesucristo, y lo amáis; no lo veis y creéis en Él» (*1Pe* 1,8). Y así lo atestigua el relato de los Hechos de los Apóstoles que antes recordábamos: «Los hermanos eran constantes en escuchar la enseñanza de los apóstoles, en la vida en común, en la fracción del pan y en las oraciones...

eran bien vistos de todo el pueblo y día tras día el Señor iba agregando al grupo los que se iban salvando» (*Hch* 2,42-47).

Aquella comunidad que recibió la pascua de Jesús vivía resucitadamente: este era el dato más fehaciente que vale la pena subrayar para entender lo que ocurrió en esas dos visitas de Jesús resucitado a sus encerrados discípulos. La cotidianeidad de los primeros cristianos era la prolongación de las señales de Jesús: donde antes había muerte (egoísmo, injusticia, miedo, desesperanza, insolidaridad, increencia...) ahora había vida resucitada (amor, justicia, paz, esperanza, solidaridad, fe...). Es el testimonio de la comunidad cristiana en medio de la cual vive Jesús. ¿Seremos nosotros testigos de esa vida de Jesús para los Tomás que han visto y experimentado demasiada muerte en los días que se nos han dado para vivir y testimoniar nuestra fe? Ahí reside el desafío con el que también a nosotros se nos reta: ser testigos de un acontecimiento, de un encuentro que me abraza hasta cambiar para bien mi propia vida, no simples relatores de hechos ajenos que no logran transformar mi existencia humana y cristiana. Gracias a la duda de Tomás, somos interpelados para ofrecer de modo convincente el testimonio del triunfo de Jesús sobre su muerte y la nuestra.

12.3 Un camino de ida y vuelta. Lo que sucedió cerca de Emaús

Estamos ante uno de los textos más sutiles y con una carga de finura psicológica por parte de un auténtico Maestro que se acerca a dos discípulos completamente desfondados y frustrados. En este texto se relata lo que aconteció en el camino fugitivo de dos discípulos que volvían a sus andadas tras haber masticado con dolor el fracaso que ellos juzgaban como desenlace en su aventura creyente con el Maestro al que siguieron. Se trata del relato que hace Lucas al hilo de cuanto sucederá en el camino:

> «Aquel mismo día, dos de ellos iban caminando a una aldea llamada Emaús, distante de Jerusalén unos sesenta estadios; iban conversando entre ellos de todo lo que había suce-

dido. Mientras conversaban y discutían, Jesús en persona se acercó y se puso a caminar con ellos. Pero sus ojos no eran capaces de reconocerlo. Él les dijo: "¿Qué conversación es esa que traéis mientras vais de camino?". Ellos se detuvieron con aire entristecido. Y uno de ellos, que se llamaba Cleofás, le respondió: "¿Eres tú el único forastero en Jerusalén que no sabes lo que ha pasado allí estos días?". Él les dijo: "¿Qué?". Ellos le contestaron: "Lo de Jesús el Nazareno, que fue un profeta poderoso en obras y palabras, ante Dios y ante todo el pueblo; cómo lo entregaron los sumos sacerdotes y nuestros jefes para que lo condenaran a muerte, y lo crucificaron. Nosotros esperábamos que él iba a liberar a Israel, pero, con todo esto, ya estamos en el tercer día desde que esto sucedió. Es verdad que algunas mujeres de nuestro grupo nos han sobresaltado, pues habiendo ido muy de mañana al sepulcro, y no habiendo encontrado su cuerpo, vinieron diciendo que incluso habían visto una aparición de ángeles, que dicen que está vivo. Algunos de los nuestros fueron también al sepulcro y lo encontraron como habían dicho las mujeres; pero a él no lo vieron".

Entonces él les dijo: "¡Qué necios y torpes sois para creer lo que dijeron los profetas! ¿No era necesario que el Mesías padeciera esto y entrara así en su gloria?". Y, comenzando por Moisés y siguiendo por todos los profetas, les explicó lo que se refería a él en todas las Escrituras. Llegaron cerca de la aldea adonde iban y él simuló que iba a seguir caminando; pero ellos lo apremiaron, diciendo: "Quédate con nosotros, porque atardece y el día va de caída". Y entró para quedarse con ellos. Sentado a la mesa con ellos, tomó el pan, pronunció la bendición, lo partió y se lo iba dando. A ellos se les abrieron los ojos y lo reconocieron. Pero él desapareció de su vista. Y se dijeron el uno al otro: "¿No ardía nuestro corazón mientras nos hablaba por el camino y nos explicaba las Escrituras?". Y, levantándose en aquel momento, se volvieron a Jerusalén, donde encontraron reunidos a los Once con sus compañeros, que estaban diciendo: "Era verdad, ha resucitado el Señor y se ha aparecido a Simón". Y ellos contaron lo que les había pasado por el camino y cómo lo habían reconocido al partir el pan. Estaban hablando de estas cosas, cuando él se presentó en medio de ellos y les dice: "Paz a vosotros". Pero ellos, aterrorizados y llenos de miedo, creían ver un espíritu.

Y él les dijo: "¿Por qué os alarmáis?, ¿por qué surgen dudas en vuestro corazón? Mirad mis manos y mis pies: soy yo en persona. Palpadme y daos cuenta de que un espíritu no tiene carne y huesos, como veis que yo tengo". Dicho esto, les mostró las manos y los pies. Pero como no acababan de creer por la alegría, y seguían atónitos, les dijo: "¿Tenéis ahí algo de comer?". Ellos le ofrecieron un trozo de pez asado. Él lo tomó y comió delante de ellos. Y les dijo: "Esto es lo que os dije mientras estaba con vosotros: que era necesario que se cumpliera todo lo escrito en la Ley de Moisés y en los Profetas y Salmos acerca de mí". Entonces les abrió el entendimiento para comprender las Escrituras. Y les dijo: "Así está escrito: el Mesías padecerá, resucitará de entre los muertos al tercer día y en su nombre se proclamará la conversión para el perdón de los pecados a todos los pueblos, comenzando por Jerusalén. Vosotros sois testigos de esto. Mirad, yo voy a enviar sobre vosotros la promesa de mi Padre; vosotros, por vuestra parte, quedaos en la ciudad hasta que os revistáis de la fuerza que viene de lo alto". Y los sacó hasta cerca de Betania y, levantando sus manos, los bendijo. Y mientras los bendecía, se separó de ellos, y fue llevado hacia el cielo. Ellos se postraron ante él y se volvieron a Jerusalén con gran alegría; y estaban siempre en el templo bendiciendo a Dios» (*Lc* 24,13-53).

Esta escena evangélica bien puede representar una extraña «procesión» en plena Pascua, casi poco después de la resurrección del Señor. Eran dos los cofrades, y el santo sin peana se les incorporó caminando en plena hazaña de una fuga enfadada. Todos conocemos el contexto: desencantados y tristes por lo acontecido con el Maestro, deciden poner tierra por medio y escapar a Emaús. En esta escena evangélica tenemos unos cuántos rasgos que iluminan la andadura cofrade en la procesión de la vida. Porque tenemos aquí descrito todo un proceso de fe que bien nos invita a situarnos en este momento de nuestra vida.

a) Volver desde nuestras huidas. Todos tenemos experiencia de cómo hay tantas personas que se alejan de la fe y de la Iglesia, y a pesar del distanciamiento tejido de indiferencia o de confusión, a un cierto punto de sus vidas intuyen y atisban en una circunstancia cualquiera un insólito enganche que puede ser para ellos un providencial punto de partida en su fe y en su humanidad. Es quizás el haber tocado fondo, o el estar desfondados, cuando una situación de límite, de oscuridad, de prueba sobrevenida, nos pone en el quicio de la desesperación más abrumada o de la pregunta que busca una respuesta. Puede ser una enfermedad propia o de alguien cercano y querido, un fracaso humano en cualquiera de sus escenarios, un requiebro de sinceridad cuando emerge desde el hondón del alma que algo habíamos perdido y que en otro tiempo nos resultó amado y claro. Sin cita previa, de pronto nos encontramos llamando a la puerta que hace tiempo o que por primera vez se nos abre de par en par.

b) Experimentar la compañía de Dios. El Señor es inmensamente discreto y no es modo suyo el colarse como intruso en nuestra intimidad aprovechando un mal momento. Eso lo hacen los que, no teniendo entrañas ni respetos, se abalanzan como buitres a la carne asustada o debilitada. No se trata de un Dios «gran gendarme» que nos fiscaliza en cada tramo, que nos impone tasas de aduana por pasar sencillamente por la vida. Muchas veces la falsa y la mala vivencia de Dios hace a no pocos descreídos rechazar a Dios cuando están simplemente rechazando una vulgar caricatura. Por eso, ver que Dios se hace encontradizo, paciente, comprensivo, no para añadir más desencanto a nuestra demasiada desencantada vida, sino para abrir horizontes, para asomarnos a su gracia, para regalarnos su perdón, para vendarnos las heridas, para despertar la esperanza y gozarnos de la fe con alegría. Sería precioso que una comunidad cristiana de cualquier tipo pudiera ser un lugar en donde poder experimentar esa divina compañía de quien acariciando mis preguntas me desliza su respuesta.

c) Ajustar nuestros desajustes. En este relato vemos un proceso en el que se nos invita a entrar leyéndolo biográficamente cada uno, poniendo nombre al escepticismo grande o pequeño, al Emaús notorio o inconfesable, a la tristeza fruto de la incomprensión de esa historia de Dios, y sobre todo poniendo nombre al milagro: cómo, cuándo y qué ha ocurrido en nuestro camino para que la paciencia misericordiosa de Jesucristo, pusiera también en nosotros su luz no deslumbradora en nuestros ojos y sus latidos ardientes en nuestro corazón. Porque sólo leyendo biográficamente esta página de encuentro con el Señor, podremos a nuestra vez configurarnos con Cristo para vivir así también nosotros nuestro compromiso cristiano en los mil caminos que llevan a tantos Emaús y en donde encontramos a personas alejadas y alejándose. Este es el regalo que se nos hace cuando hemos tenido la libertad de no esconder ni maquillar nuestras heridas, para abrirlas al bálsamo inmerecido de quien en ellas vuelve a poner la luz y la paz.

d) Regresar a la comunidad cristiana. Porque no tiene sentido seguir huyendo errantes y pródigos, cuando la puerta del hogar de la Iglesia se ha vuelto a abrir. Una Iglesia que tiene sus cosas, arrugas de muchos siglos, pero precisamente por sus muchos siglos una extraordinaria sabiduría. Una Iglesia burlada y desprestigiada con los sambenitos al uso de ser anacrónica, enemiga del progreso, desconectada de la realidad, afincada sólo en los viejos, pero que, sin embargo, es la única que sigue en pie dando sin fisuras la batalla cada vez que la vida, la libertad, la educación o la familia quedan de nuevo en entredicho por los nuevos dictadores y los modernos genocidas. Una Iglesia que no es caprichosa mecenas de la frivolidad, sino fiel custodia y garante conservadora del mejor patrimonio cultural. Una Iglesia en donde las heridas de todos los errores y de todos los horrores puedan ser curadas, con ternura, con misericordia y con gratuidad. A esa Iglesia es a la que volvieron los de Emaús retornando a Jerusalén, es esa Iglesia a la que nos estamos refiriendo con su hogar nuevamente abierto de par en par.

e) Lumbre en el corazón, y en los ojos iluminados, luminarias.

No sólo la Cuaresma es un camino para la conversión, sino también la Pascua se nos propone litúrgicamente como un itinerario. En definitiva, se trata de recorrer la distancia que nos separa de esa luz para siempre amanecida en la Resurrección de Jesús, sea cual sea la oscuridad de nuestro punto de partida. En este domingo tercero del tiempo de Pascua podremos escuchar uno de los relatos más conmovedores de cuantos se nos describen de los encuentros entre Jesús resucitado y algunos de sus discípulos que aquí y allá Él va encontrando.

Recordemos que el mensaje del Evangelio de Lucas, todo él está descrito como una gran subida de Jesús a Jerusalén. Ya en algún momento, de los varios en los que Jesús comunicó a sus discípulos a dónde se dirigía (a Jerusalén) y para qué (para dar su vida), nada menos que Pedro trató de impedírselo (*Mc* 8,33). Por duro y difícil que resultase, si Jesús no se acercaba a Jerusalén, no podría realizar su misión salvadora. El relato de Emaús es uno de los evangelios pascuales más hermosos, y en el que más fácilmente tantas veces nos podemos reconocer. Emaús es un nombre que aparece en nuestro mapa biográfico. Dos discípulos desencantados y abrumados por los acontecimientos de los últimos días deciden fugarse de aquella intragable realidad. Emaús no era Jerusalén, estaban en direcciones diversas y con diverso significado. En ese camino fugitivo y huidizo, les esperaba el Señor. Él va reuniendo su comunidad tan dispersa y asustada. A cada uno lo encontrará en su drama y en su evasión: llorando a la puerta del sepulcro, a María Magdalena; en el cenáculo escondidos por miedo a los judíos, a la mayoría de los discípulos; y camino de Emaús, a nuestros dos protagonistas de este domingo.

El relato de Emaús tiene una carga humana y psicológica de honda religiosidad. Es la narración de los recuerdos y pesares, con los que aquellos dos discípulos iban poniendo tierra por medio a través de la fuga de su frustración. Nada menos que su historia con Jesús, una historia cristiana del primer momento conviviendo con el Maestro, termina en el más terrible desencanto. Cada generación cristiana puede vivir este desenlace quizás, ante la perplejidad que nos suscita una injusta memoria de nuestro pasado, una temerosa espera del futuro y una triste constatación de nuestro presente actual. Es entonces cuando nos sobrevienen las tres tentaciones tanto personal como comunitariamente, en torno a la categoría temporal: nostalgia de los tiempos pasados, tristeza frente a los tiempos presentes y desesperanza ante los tiempos futuros.

Cuando es poca o es débil la fe, se da la misma situación de desconcierto, de desencanto, de cansancio, de miedo, de huida quizás. Y entonces y con aquellos, como ahora y con nosotros, Jesús se hace encontradizo para conducirnos a Jerusalén. La maravillosa narración de Lucas nos pone ante uno de los diálogos más bellos e impresionantes de Jesús con los hombres. Efectivamente, Él se encuentra con dos personas que acaso habían creído y apostado por tan afamado Maestro... pero a su modo, con sus pretensiones y con sus expectativas liberacionistas para Israel, como deja entrever el Evangelio de hoy. Pero el Hijo del hombre no se dejaba encasillar por nada ni por nadie, y actuó con la radical libertad de quien solo se alimenta del querer del Padre y vive para el cumplimiento de su Hora.

De modo que, aquellos dos discípulos estaban de vuelta —en todos los sentidos—: «nosotros pensábamos... nosotros creíamos y esperábamos..., pero nada, ya han pasado dos días y, nada. Algunas mujeres nos han sobresaltado con visiones de ángeles y diciéndonos que nos estaba su cuerpo... pero Él no está, nadie lo ha visto...» (*Lc* 24,21-24). Y entonces interviene Jesús en una ejemplar actitud de acompañar y enseñar a esta pareja de «alejados»: les explicará la Escritura y les partirá el pan, narrando la tradición de todo el Antiguo

Testamento que confluye en su Persona, en quien vino como pan partido para todas las hambres del corazón humano.

Finalmente, se les abrieron los ojos a los dos fugitivos hospederos de Jesús en el atardecer de su escapada, y pudieron reconocerlo. Es interesante el apunte cargado de sinceridad: «¿No ardía nuestro corazón mientras nos hablaba?» (*Lc* 24,32). Les ardía, pero no le reconocían; les ocurría algo extraño ante tan extraño viajero, pero no le reconocían. Bastó que se les abrieran los ojos para descubrir a quien buscaban, sin que jamás se hubiera ido de su lado. Y bastó simplemente esto para escuchar a quien deseaban oír, sin que jamás hubiera dejado de hablarles. Dios estaba allí, Él hablaba allí. Eran sus ojos los que no le veían y sus oídos los que no le escuchaban.

Volvieron a Jerusalén, en viaje de vuelta, no para huir de lo que no entendían, sino para anunciar lo que habían reconocido y poder comunicárselo a los demás: el caso de éstos era que en un cenáculo cerrado a cal y canto habían encontrado su particular Emaús cuando Jesús se hizo presente con y sin Tomás. Entonces como ahora, en aquellos como en nosotros la experiencia a la que se nos invita es tan similar que no deja de ser la misma. Desandar nuestras fugas como los dos discípulos de Emaús, abrirse nuestros ojos cuando tantas cegueras censuran lo que Dios nos muestra, y ser misioneros de lo que hemos encontrado sin que pretendamos quedarnos para nosotros mismos lo que Dios con nosotros quiere seguir contando. Esta es la experiencia pascual de todo cristiano, cuando la lumbre arden en el corazón y los ojos se llena de la luz para la que nacieron.

12.4 La pesca final y la segunda llamada: Pedro vuelve a su punto de partida

Es una de las escenas más entrañables en los relatos de las apariciones pascuales de Jesús. Pareciera que se trataba de una cuestión pendiente que tuviera que arreglar Jesús con Pedro tras el desenlace brusco y fallido entre el viejo pescador y su Maestro, en aquel patio común junto a una fogata cualquiera. No tuvo fuerzas para más y le pudo el miedo, para negar con los labios lo que en el corazón afirmaba. Este es el texto:

«Después de esto Jesús se apareció otra vez a los discípulos junto al lago de Tiberíades. Y se apareció de esta manera: Estaban juntos Simón Pedro, Tomás, apodado el Mellizo; Natanael, el de Caná de Galilea; los Zebedeos y otros dos discípulos suyos. Simón Pedro les dice: "Me voy a pescar". Ellos contestan: "Vamos también nosotros contigo". Salieron y se embarcaron; y aquella noche no cogieron nada. Estaba ya amaneciendo, cuando Jesús se presentó en la orilla; pero los discípulos no sabían que era Jesús. Jesús les dice: "Muchachos, ¿tenéis pescado?". Ellos contestaron: "No". Él les dice: "Echad la red a la derecha de la barca y encontraréis".

La echaron, y no podían sacarla, por la multitud de peces. Y aquel discípulo a quien Jesús amaba le dice a Pedro: "Es el Señor". Al oír que era el Señor, Simón Pedro, que estaba desnudo, se ató la túnica y se echó al agua. Los demás discípulos se acercaron en la barca, porque no distaban de tierra más que unos doscientos codos, remolcando la red con los peces.

Al saltar a tierra, ven unas brasas con un pescado puesto encima y pan. Jesús les dice: "Traed de los peces que acabáis de coger". Simón Pedro subió a la barca y arrastró hasta la orilla la red repleta de peces grandes: ciento cincuenta y tres. Y aunque eran tantos, no se rompió la red. Jesús les dice: "Vamos, almorzad". Ninguno de los discípulos se atrevía a preguntarle quién era, porque sabían bien que era el Señor. Jesús se acerca, toma el pan y se lo da, y lo mismo el pescado. Esta fue la tercera vez que Jesús se apareció a los discípulos después de resucitar de entre los muertos.

Después de comer, dice Jesús a Simón Pedro: "Simón, hijo de Juan, ¿me amas más que estos?". Él le contestó: "Sí, Señor, tú sabes que te quiero". Jesús le dice: "Apacienta mis corderos". Por segunda vez le pregunta: "Simón, hijo de Juan, ¿me amas?". Él le contesta: "Sí, Señor, tú sabes que te quiero". Él le dice: "Pastorea mis ovejas". Por tercera vez le pregunta: "Simón, hijo de Juan, ¿me quieres?". Se entristeció Pedro de que le preguntara por tercera vez: "¿Me quieres?" y le contestó: "Señor, tú conoces todo, tú sabes que te quiero". Jesús le dice: "Apacienta mis ovejas. En verdad, en verdad te digo: cuando eras joven, tú mismo te ceñías e ibas adonde querías; pero, cuando seas viejo, extenderás las manos, otro te ceñirá y te llevará adonde no quieras". Esto dijo aludiendo a la muerte con que iba a dar gloria a Dios. Dicho esto, añadió: "Sígueme"» (*Jn* 21,1-19).

Hacía ya tres años que un primer encuentro entre Jesús y Pedro dejó a Simón desconcertado. No era Pedro, piedra, todavía. Y por su nombre fue inquirido por Jesús. La escena es memorable: «Vio dos barcas que estaban en la orilla; los pescadores, que habían desembarcado, estaban lavando las redes. Subiendo a una de las barcas, que era la de Simón, le pidió que la apartara un poco de tierra. Desde la barca, sentado, enseñaba a la gente. Cuando acabó de hablar, dijo a Simón: "Rema mar adentro, y echad vuestras redes para la pesca". Respondió Simón y dijo: "Maestro, hemos estado bregando toda la noche y no hemos recogido nada; pero, por tu palabra, echaré las redes"» (*Lc* 5,2-5).

Pero tamaña sorpresa se transformó en inquietud y temor: ¿quién es este hombre que hace estas cosas? ¿Qué pretenderá de mí que soy un pobre pescador, un pobre pecador? De tal modo que resolverá Simón de un modo comprensible: «Al ver esto, Simón Pedro se echó a los pies de Jesús diciendo: "Señor, apártate de mí, que soy un hombre pecador". Y es que el estupor se había apoderado de él y de los que estaban con él, por la redada de peces que habían recogido; y lo mismo les pasaba a Santiago y Juan, hijos de Zebedeo, que eran compañeros de Simón. Y Jesús dijo a Simón: "No temas; desde ahora serás pescador de hombres". Entonces sacaron las barcas a tierra y, dejándolo todo, lo siguieron"» (*Lc* 5,8-11).

Era la que podríamos explicar como la «primera llamada» que Simón recibió. Luego vendría el cambio de nombre, dejando el de Simón por el de Pedro, como una piedra en la que fundamentar la comunidad eclesial que Jesús estaba formando (cf. *Mt* 16,13-20; *Jn* 1,42). Tres años después, con toda una acumulación de signos vistos como milagros, de palabras escuchadas como regalos, cabría esperar que aquel Simón Pedro habría crecido y madurado en medio de sus preguntas, incertidumbres, contradicciones y pecados. Pero fue superior a él ese instante en el que tuvo que habérselas con su propio miedo en el tira y afloja de su sincero amor por Jesús, junto a una fogata común y en un patio cualquiera cuando fue sorprendido por una mujer que le señaló como uno de los discípulos (cf. *Lc* 22,54-60). En esa estaba cuando luego se sucedieron los acontecimientos de la muerte de Jesús sobre el Calvario. Días aciagos de dudas, de temores, de escondimiento a ultranza.

Pero aquellos primeros discípulos en quienes Jesús Resucitado confirmó en la fe y ayudó a que acogieran el relevo de su propia misión, fueron poco a poco aprendiendo, comprendiendo, haciendo verdaderamente suyo el mensaje que les confió el Maestro. Estaban en el punto de mira de tantos observadores que veían con preocupación cómo aquello que parecía superado como peligro para ellos al haber crucificado al Nazareno, se divulgaba de nuevo. Así se entiende el reproche que un sacerdote judío espeta a los apóstoles cuando les interroga: «¿No os habíamos prohibido formalmente enseñar en nombre de ése? En cambio, habéis llenado Jerusalén con vuestra enseñanza y queréis hacernos responsables de la sangre de ese hombre. Pedro y los apóstoles replicaron: Hay que obedecer a Dios antes que a los hombres» (*Hch* 5,28-29).

Por eso no fue tan inmediato este cambio profundo en sus vidas, y les llevó tiempo y gracia ponerse a la altura de la misión que se les confiaba. En este sentido, como un volver a empezar de nuevo, nos trae un paisaje común el Evangelio pascual junto al mar de Galilea: pescadores, redes, la orilla del Tiberíades y Jesús. El Evangelio de san Juan termina con el relato de la última aparición de Jesús resucitado a sus discípulos. Esta escena vuelve a poner en diálogo a Jesús con Pedro, con aquel Pedro tan ufano y seguro de sí mismo cuanto ignorante de su fragilidad y pequeñez que jamás dejó de ser *barro,* y que para empezar a ser *piedra* (Cefas), tenía que hacer una cura de humildad.

Pedro era el referente, puesto por el mismo Jesús. Y en él se centra el relato de este Evangelio que tanto tiene que enseñarnos, porque supone el abrazo de un discípulo con sus altibajos, sus momentos de luz diáfana y los de oscuridad profunda, aquellos en los que secundaba la gracia que Dios le daba y otros en los que el tentador se cobraba su baza. Faltaba el broche de quien siempre y sólo tiene la última palabra: el Señor.

Es toda la vida de Pedro, el viejo pescador, la que en esta aparición de Jesús Resucitado vuelve a repetirse velozmente. De nuevo entre redes, como al principio; de nuevo ante un faenar cansino e ineficaz, como tantas veces en su vida; de nuevo embarcado en la dureza de cada día, con un mundo cotidiano sin Jesús, como antes de que todo hubiera sucedido tras aquel primer encuentro. Y así, como quien vuelve a lo de siempre después de tres años de ilusión y desencanto, en un ímpetu lleno de resaca desabrida, Pedro dice a sus compañeros: «Me voy a pescar», correspondido por un «Vamos también nosotros contigo» (*Jn* 21,3). ¿Qué iban a hacer si no? Es un relato lleno de una gran humanidad donde todos los registros de la persona quedan al descubierto ante el hecho decisivo de encontrarse de nuevo con Jesús... por sorpresa.

En la narración de este Evangelio, como en la vida misma, la aparición de la luz, el sol que nace de lo Alto, coincide siempre con la presencia del Señor. No era aún sol radiante canicular, sino una luz discretamente amaneciendo, «porque los discípulos no sabían que era Jesús» (*Jn* 21,4). Y alguien extraño a una hora temprana, desde la orilla, se atreve a provocar haciendo una pregunta allí donde más dolía, porque era preguntar sobre lo que había... donde no existía más que vacío y cansancio. Esta es la paradoja en la que una vez más en lo imposible para los hombres Dios regala su inesperada y agraciada posibilidad. Y como quien se deja llevar, como quien tan duramente ha aprendido que la verdad de las cosas no siempre coincide con lo que nuestros ojos logran ver y nuestras manos acariciar, se fiaron de aquel desconocido cantamañanas.

El resultado fue el inesperado, sí, justamente ese que sorprende porque ya no se espera, porque se nos da cuando vamos de retirada y estamos de vuelta... tal vez sin apenas haber salido de todas nuestras inutilidades y nuestras nadas. Para unos sería suerte, para otros tan sólo buena vista, acaso magia para otros, pero para el discípulo amado, para Juan, sólo podía ser una cosa: el Señor. Y sus ojos de contemplativo íntimo del Corazón de Cristo junto al que se recostó en la última cena, le harán ver lo que otros no podían, porque Juan fue el confidente del Señor en el Tabor y en Getsemaní junto a Santiago y Pedro, y sabía algo de sus intimidades y secretos.

Lógicamente, el relato está escrito sobre el cliché de las negaciones de Pedro: hay unas brasas que recuerdan aquella fogata en torno a la cual pocos días antes el viejo pescador juró y perjuró que no conocía a Jesús, y lo negó. Hasta tres veces lo negó. Ahora, junto al fuego hermano, Jesús lavará con misericordia la debilidad de Pedro, y con dulzura transformará para siempre su barro frágil en piedra fiel. Porque le volverá a llamar como la vez primera: Simón hijo de Juan, para terminar, confirmándole su nombre nuevo: Pedro, Cefas, Piedra. Todo un recorrido por la biografía humana de alguien a quien Jesús transformó.

El verdadero milagro no es una red que se llena, no son los vacíos que se tornan en plenitud inmerecida. El milagro más grande es que la traición cobarde se transforma en confesión de amor. Hasta tres veces lo confesará. La cobardía, como la traición, deshumanizó a Pedro, le hizo ser como en el fondo no era, y le obligó a decir lo que su corazón no quería, rompiendo en llanto desconsolado para decir con lágrimas lo que sus labios no lograrían. El amor de Jesús, su gracia siempre pronta, le humanizará de nuevo, hasta estrenar su verdadera vida, hasta el milagro de poder otra vez recomenzar. Sin ironía, sin indirectas, sin pago de cuentas atrasadas. Gratuitamente como la gracia misma. Era la segunda llamada de Jesús a Pedro, tan encuadrada en un similar escenario y, sin embargo, tan distinta.

En nuestro mundo, hay muchas fogatas y foros donde se traiciona a Dios y a los hermanos, y haciendo así nos deshumanizamos, y nos partimos y rompemos. Pero hay otras brasas, las que Jesús prepara en el amanecer de todas nuestras noches oscuras y a la vuelta de todas nuestras estériles fatigas, y allí nos convoca en compañía nueva, haciéndonos humanidad distinta. Allí nos permite volver a empezar, en la alegría del milagro de su misericordia. Es la última pesca, la de nuestras torpezas y cansancios. Feliz quien tenga ojos para reconocerle como Juan, y quien se deje renacer como Pedro. Porque este este es el verdadero testimonio de la Pascua cristiana, la que nos hace nuevos liberándonos del secuestro de nuestras torpezas pasadas.

13
Un camino inacabado: la aventura de seguir como discípulos al Maestro

Hemos hecho un largo recorrido, como el que a través de los siglos han hecho tantos cristianos con todos sus registros humanos y creyentes. Unas veces más ágiles y decididos, otras quizás más distraídos o a empujones de una inercia piadosa pero insuficiente, en algún momento incluso con no pocas contradicciones que negaban con los hechos lo que los labios proclamaban. Pero el camino sigue abierto, la andadura inconclusa, y la meta de nuestro destino siempre en el horizonte pendiente.

Los primeros cristianos se educaron con esa catequesis esencial que recoge el libro de la *Didaché* (siglo II), donde se dice al discípulo que quieres crecer en el conocimiento de su fe y en el abrazo de su condición de seguidor de Jesús: «Busca constantemente la compañía de los santos, para que seas reconfortado con sus consejos» (4,2). No se plantea una vida cristiana solitaria y aislada, sino debidamente acompañada por quienes se alzan para nosotros como un reclamo cotidiano. Buscar esa fraterna compañía de los santos significa tener la solidez de esa referencia que me acerca la paz y me reconforta con sus palabras sabias.

Hacemos este camino que concluye en la Pascua eterna, tras haber atravesado las mil cañadas y recovecos entre nuestras nieblas y dudas, con las certezas convencidas, con las gracias y pecados que se han dado en nuestra pequeña vida. Pero, al igual que Dios no es soledad aislada, sino comunión complementaria, así también el hombre hecho su imagen y semejanza. Es lo que tan bellamente decía san Agustín para explicar el misterio de la santa Trinidad: la historia amorosa de un Amante (el Padre), que quiere a un Amado (el Hijo), en el Amor que hay entre ambos (el Espíritu Santo). Un auténtico triángulo amoroso en donde los Tres se relacionan y refieren respectivamente, sin perder nada de su personal idiosincrasia, pero abriéndose con infinita dilección a la complementariedad trinitaria, que es lo que los Padres de la Iglesia llamaban la «perijóresis» (circularidad) íntima de Dios.

Si hemos sido hechos a imagen y semejanza de un Dios que es así y como tal se nos ha revelado, no podemos nosotros vivirnos y exponernos de un modo extrañamente autónomo y solitario con una autosuficiencia que nos empujaría a la enajenación más palmaria y dañina. Hacemos, pues, nuestro camino sabiéndonos sostenidos y acompañados por Dios nuestro Señor, en esa impronta trinitaria que representa el Padre Amante, el Hijo Amado y el Espíritu Santo Amor. En nuestro caso, nos adentramos en los momentos que nuestra personal biografía ha ido describiendo y posibilitando: haber nacido en un lugar y en un tiempo, cuyo espacio y fecha ponen ya una nota de concreción humana para nuestro itinerario cristiano.

Pero, también nosotros hemos conocido tantas realidades que nos han visto crecer y nos han acompañado de tantos modos: nuestra familia, nuestros círculos de amigos y personas cercanas, las experiencias que nos han marcado dejándonos su mensaje inequívoco positivo o no tanto, las vivencias diversas en nuestros procesos educativos y en nuestras convivencias con realidades culturales, religiosas y eclesiales. También la vocación emergente que se fue definiendo poco a poco, en nuestro desarrollo bautismal, de nuestra llamada personal que el Señor nos hizo en su Iglesia. No serán tampoco indiferentes las etapas de la vida que han tenido su ambiente escenográfico poniendo fecha y domicilio a nuestros pasos, su urdimbre de responsabilidad en nuestras distintas encomiendas que hemos ido recibiendo y secundando. Y el simple paso de los años donde hemos ido aquilatando sabiduría o nos hemos empecinado en nuestra ignorancia, con todo ese cúmulo de factores varios que dibujan nuestra personal idiosincrasia más personal.

Así, en el trasiego de este camino, podemos afirmar que también nosotros hemos realizado un itinerario desde nuestros desiertos varios con nuestros altibajos y vaivenes, hasta la pascua sorprendida de cuanto Dios mismo nos ha venido mostrando poniendo su Luz donde había sombras, poniendo misericordia donde se daba la ofuscación errada, poniendo maravillosamente su gracia sobreabundada donde había abundancia de pecado.

Todos somos ese pueblo escogido con sus tentaciones de volver a los «Egiptos» de nuestras seguridades cada vez que se zarandea nuestra falta de solidez sobrenatural. Todos hemos experimentado el temor y la intemperie que nos deja pobres y asustados cuando tenemos que avanzar por un derrotero con el que no contábamos y en el que queda manifiesta nuestra precariedad y pequeñez, para abrirnos eventualmente a quien siendo más grande que nosotros nos señala la vía de salida hacia la meta para la que fuimos creados. Todos hemos hecho ese camino que nos acompaña un Dios humanado que aprendiendo a hablar nuestras lenguas y frecuentando nuestros andurriales, se ha hecho cercano y próximo como jamás habríamos imaginado poniendo en nuestros labios su Palabra y repartiendo con nuestras manos su Gracia.

En este sentido, nos podemos reconocer en todas esas escenas por las que han deambulado Jesús y sus discípulos durante los tres años de vida apostólica del Maestro con ellos. Palabras que nos acercan parábolas conocidas y apreciadas, gestos que nos señalan los milagros de los que somos mendigos, y esto en medio de nuestra confusión ante el asombro, de nuestra lentitud en la asimilación de tanto regalo, de nuestra indomable actitud de dejarnos sorprender por un Dios que jamás aburre, ese Dios que aún diciéndonos lo mismo siempre nunca se repite al revelársenos.

Pero, de modo especialmente bello y provocador, nos reconocemos en los relatos tan nuestros de las apariciones de Jesús resucitado. Nuestras fugas despechadas con un maquillado resentimiento queriendo volver a los «Emaús» de nuestros pretextos regresando imposiblemente a nuestros puntos de partida. Son igualmente nuestros los temores asustadizos de quien se encierra a cal y canto con los miedos todos despiertos en las fibras de nuestro cuerpo y nuestro espíritu temiendo que nos suceda lo que no queremos que nos ocurra, y cómo en esa penumbra de nuestros sustos amalgamados Jesús se hace presente para despejar con desparpajo aquello que nos secuestra y nos confina en los escondites de nuestras turbaciones más peleonas y desprevenidas.

Al igual que a la Magdalena le sorprendió Jesús con la vista nublada por su ansiedad llena de dolor y de recuerdos que le impedían reconocer delante de ella a quien paradójicamente estaba buscando, así nosotros tantas veces nos empeñamos en asomarnos a lo que el Señor nos muestra con discreción o nos señala con audacia, pero sencillamente no logramos descubrir los signos ni escuchar los mensajes. Entonces, andamos en nuestras cábalas dando vueltas a nuestros cálculos, enjugando como podemos nuestros llantos, y preguntando al mismo Dios si ha visto pasar ese Dios que a tientas buscamos. Esta discípula de Jesús no era una histérica que había perdido la cordura debido al dolor de lo que aconteció en aquel primer viernes santo, sino alguien cuyos registros nos resultan bien familiares en nuestras idas y venidas en los mil vericuetos de la vida, empeñándonos en resolver el enigma de una muerte y su desgarro, mientras Jesús se nos presenta como el viviente que nos espera y abraza.

Igualmente, no andamos lejos de ese otro discípulo que fue Tomás, el ausente a quien no convencieron ni los entusiasmos prestados de sus compañeros, ni el relato de un encuentro que ellos le testimoniaban. Era difícil ser testigos del Resucitado cuando lo que mostramos sigue siendo demasiado deudor de nuestras muertes en todos sus formatos. Y como Tomás, también nosotros necesitamos meter nuestros dedos y manos, nuestros ojos y oídos, en donde ya no habita la muerte ni sus signos, sino que por esos agujeros se trasparenta la vida rediviva que no morirá jamás.

Pero es sobre todo el testimonio de Pedro el que más nos alecciona y consuela. Porque siempre habrá una segunda llamada, una nueva oportunidad, en la que poder enmendar los extravíos que nos enajenan y remendar los desgarros que nos deja nuestra desconfianza. Volver al punto de partida, escuchar otra vez aquella vieja llamada, dejar que el amor manso y dulce de Cristo haga provoque nuestra conversión en una catarsis que purifique nuestra lentitud y torpeza, las propias de los pecados en todas sus formas.

Pedro es como un testimonio de ese recomienzo que cantaba el apóstol Juan en su Apocalipsis: «Mira, hago nuevas todas las cosas» (*Apoc* 21,5), o lo que el profeta Isaías proclamaba emocionado: «No recordéis lo de antaño, no penséis en lo antiguo; mirad que realizo algo nuevo; ya está brotando, ¿no lo notáis? Abriré un camino en el desierto, corrientes en el yermo» (*Is* 43,18-19). Hay una espera que siempre nos aguarda, como la que manifestaba el padre misericordioso del hijo pródigo (cf. *Lc* 15,20). Jamás faltarán las brasas en la orilla de todos nuestros vacíos, donde somos esperados por Jesús que aguarda nuestra vuelta, para volver a pronunciar nuestro nombre y enviarnos luego a la misma encomienda... tras haber masticado nuestra pequeñez más vulnerable y nuestra incapacidad extraviada.

Este es el camino que hemos realizado desde todos nuestros desiertos, y este es también el adentramiento sobrevenido en las promesas cumplidas de la pascua. Así vamos creciendo y madurando a través de todos los avatares de nuestra más íntima y personal o la más publica y patente biografía.

Y aunque parezcan desmentirlo tantos momentos de nuestra vida, vale la pena no perder el horizonte de la esperanza cierta que nunca nos defrauda mientras hacemos este itinerario que nos conduce y conlleva a la santidad cristiana en la vocación eclesial recibida.

Con todo, no se trata de una cuestión privada como si nuestra relación personal con Jesucristo no tuviera una relación directa con la historia de la humanidad y con la misma Iglesia. Tenemos este reto que abraza las dos dimensiones: crecer como personas bautizadas y discípulos del Señor tras nuestro encuentro maduro con Él, y sabernos parte de una comunidad humana y eclesial en la que tenemos algo que decir y algo que escuchar, algo que dar y algo que recibir. Porque cada uno de nosotros ha recibido una Palabra única e irrepetible que eternamente Dios quiso silenciar para decírmela a mí y contarla con mis labios. Igualmente, cada uno de nosotros ha recibido un Don único e irrepetible que desde toda la eternidad quiso el Señor retener para dármelo a mí y repartirlo con mis manos. Por eso, el misterio de nuestra existencia se torna en humilde instrumento de la Providencia divina que me constituye en portavoz de esa Palabra y en portador de ese Don, que son cabalmente los que explican mi original identidad como persona, como hijo de Dios y como miembro de la comunidad humana y cristiana. Este es el motivo por el que no podemos concebirnos autónomamente, solitariamente, aisladamente, sino reconocernos parte de algo más grande que nosotros mismos.

Sí, llegar a la santidad personal que indica que como cristiano he madurado y crecido en mi camino hacia ese destino para el que fui llamado. Pero también saber situarme dentro de la humanidad tan plural y variopinta, y dentro de la Iglesia del Señor, para compartir lo que yo he recibido y para ser bendecido por lo que de tantos hermanos puedo hacer acopio como fraterno mendigo. Lo cual significa que tengo una responsabilidad suprema que despeja cualquier actitud de pereza o inhibición, y que despierta en mí la pasión por colaborar con la obra inacabada de Dios desde la misión recibida.

Es lo que podríamos describir con una parábola literaria que relata la audacia de un pequeño pájaro como es el colibrí. Parece escrita ante los mil desafíos que nos retan a diario sin que nosotros tengamos recursos ni cauces para solventar el agobio, la soledad, el miedo incluso que atenaza nuestras posibilidades cuando las pruebas de toda índole nos acorralan. Entonces aparece ese hilo de superación que anida en el fondo del corazón humano, y con titubeos, lentitud y fatiga, vamos encaramando el túnel oscuro mientras nos allegamos poco a poco a la puerta de salida. Esta es la parábola.

El colibrí es un pájaro diminuto, capaz de mantenerse quieto en el aire con su batir de alas increíblemente rápido, supersónico, como si quedara suspendido en un espacio sin tierra en el que él se yergue seguro. Desde allí otea, vislumbra, se fija y luego actúa. Tantos escenarios variopintos en la vida vistos al vuelo desde la pequeñez de este pajarillo vivaracho que tiene mirada aguda y concreta.

Es una hermosa parábola que vale por todo un discurso de bondad humana y creyente llena de realismo y de esperanza, cuando nos sorprenden las llamas de un fuego que, de pronto, nos desbarata tantas cosas sin saber muy bien cómo hacer. Ante un incendio uno siempre se queda impávido y sobrecogido. ¿Quién puede gestionar tanta llama? ¿Y cómo controlar su voracidad devoradora que nos deja todo en ascuas? Es una verdadera metáfora de cuanto en la vida se puede destruir en un instante, sin cita previa, al albur de un pispás que nos encoge con el santiamén que nos hiela el alma.

El colibrí, de pronto, baja hasta el arroyo y se eleva luego cargando el sorbo de agua que cabe en su alargado y diminuto pico. Dos, tres, cuatro gotas mal contadas. Y así sucesivamente, yendo y viniendo desde el regato hasta las copas de los árboles incendiados. Ante su rito de emergencia agotador, alguien le llama la atención recriminando tanto esfuerzo aparentemente baldío y desproporcionado. ¿Vale la pena el sinvivir del pequeño colibrí cuando su aportación es tan diminuta como él? ¿El desgaste que supone tanta entrega denodada tendrá una aportación significativa en el desastre chamuscado de un bosque en llamas? Esta es la provocación y la paradójica enseñanza.

Entonces, el pequeño colibrí responderá a sus cómodos observadores que quizás empezaban a sentir mala conciencia en una clara incomodidad por el agravio comparativo con el que ellos veían al pajarillo mientras ellos no hacían nada. Su respuesta será todo un alegato de sensatez, de brillante y humilde compromiso con lo que cada uno puede hacer en un momento dado. No se le pedía al colibrí que fuera un potente hidroavión capaz de volcar toneladas de agua en cada viaje sobre tantas llamas. Ni siquiera que fuera un avispado bombero capaz de sofocar paulatinamente el incendio en el círculo que controlaban sus mangueras, sus pericias, sus experiencias largamente acumuladas. Al colibrí sólo se le pedía eso: que fuera lo que era, y como tal, que actuara.

Esta fue la preciosa respuesta: yo hago mi parte, la mía. Lo que otros deban hacer que lo hagan. La suma de todas las entregas es lo que señala el milagro cotidiano de salvar lo que tan fácilmente se derrumba, tan distraídamente se olvida y traiciona, tan torpemente dejamos que se destruya y se muera aquello que se soñó que para siempre durara. Yo hago lo mío, mi parte. Aunque sean tres o cuatro gotas frente a un incendio que nos asola. Pero sin mis pocas gotas derramadas, el incendio o sus cenizas no serán ya lo mismo, y no podrán imputarme el desprecio, la sospecha o el reproche por no haber hecho lo que debía. El colibrí tiene esa dulce y comprometida enseñanza.

Se trata de una parábola que nos sostiene y acompaña en la tarea que se unce a nuestras manos desde esa riqueza que como regalo a custodiar hemos heredado. Porque la herencia y la tarea son las dos cosas que ponen en vilo y en danza lo que nosotros hemos de hacer y ser en esta coyuntura de nuestra biografía cristiana personal y en el momento que vive nuestra Iglesia universal. No todo lo podemos hacer, por tantas razones. Pero lo que a nosotros nos compete, hemos de saber realizarlo con toda el alma. Hacerlo todo como si dependiera de nosotros con nuestras pequeñas manos, pero sabedores que nuestra vida está en las grandes manos providentes de Dios, como hizo María la Madre de Dios, como hicieron los santos en sus respectivos momentos.

Jesús camino y caminante. Jesús que me acompaña y me sostiene, que me envía misioneramente escribiendo la página inédita con mi libertad y con su Gracia, con los dones que me dio y los límites que me acotan, con mi nombre y temperamento, con todo ese bagaje providencial que hace que yo sea quien soy para Gloria de Dios y para la bendición de los hermanos que se me confían.

+ Fr. Jesús Sanz Montes, OFM
Arzobispo de Oviedo

Salzburg (Austria)
Hochfest der Erscheinung des Herrn
6 de enero 2025